分享责任——企业社会责任基础教材

（第二版）

案例集（Ⅰ）

主　编：彭华岗

副主编：钟宏武　张　蒽

中国华侨出版社

北　京

图书在版编目（CIP）数据

分享责任：企业社会责任基础教材（第二版）案例集.1/彭华岗主编.
—北京：中国华侨出版社，2019.9

ISBN 978-7-5113-7955-9

Ⅰ.①分…　Ⅱ.①彭…　Ⅲ.①企业责任—社会责任—案例—世界
Ⅳ.①F279.1

中国版本图书馆CIP数据核字（2019）第165614号

●分享责任——企业社会责任基础教材（第二版）案例集（Ⅰ）

主　　编/ 彭华岗

副 主 编/ 钟宏武　张蒽

责任编辑/ 王　委

版式制作/ 大燃图艺

经　　销/ 新华书店

开　　本/ 710毫米×1000毫米　1/16　印张：22.5　字数：245千字

印　　刷/ 北京久佳印刷有限责任公司

版　　次/ 2019年10月第1版　2019年10月第1次印刷

书　　号/ ISBN 978-7-5113-7955-9

定　　价/ 112.00元

中国华侨出版社　　北京市朝阳区静安里26号通成达大厦3层　　邮编：100028

法律顾问：陈鹰律师事务所

发行部：（010）64443051　　传 真：（010）64439708

网　　址：www.oveaschin.com　　E-mail：oveaschin@sina.com

如发现印装质量问题，影响阅读，请与印刷厂联系调换。

序言

习近平总书记早在 2007 年就指出，大量事实证明，只有富有爱心的财富才是真正有意义的财富，只有积极承担社会责任的企业才是最有竞争力和生命力的企业。也正是从那时起，中国企业开始深刻把握企业经营规律、经济社会发展规律和国际竞争与合作规律，企业社会责任建设一日千里，成为改革开放四十年发展成就的鲜明注脚。

励精图治、勤奋耕耘，中国企业社会责任发展进入四个特征

第一，有"法"可依，企业社会责任进入前所未有的政策激励阶段。国务院国资委印发《关于中央企业履行社会责任的指导意见》和《关于国有企业更好履行社会责任的指导意见》，科学、系统、持续推动中央企业和国有企业社会责任工作。中国证监会在新版《上市公司治理准则》中要求上市公司贯彻落实创新、协调、绿色、开放、共享的发展理念，弘扬优秀企业家精神，积极履行社会责任。此外，工业和信息化部指导组建中国电子工业标准化技术协会社会责任工作委员会，发布《中国电子信息行业社会责任指南》；国家市场监管总局印发《直销企业履行社会责任指引》；中国银保监会颁布《关于加强银行业金融机构社会责任的意见》《关于保险业履行社会责任的指导意见》，政策供给和储备不断丰富、完善，有力地推动了相关行业和类型企业积极履行社会责任。

第二，有"矩"可循，企业社会责任进入前所未有的标准规范阶段。国际来看，2010 年底，国际标准化组织推出社会责任国际标准 ISO26000，在全球范围内统一社会责任的定义，明确社会责任的原则与核心主题；2015 年，联合国继千年发展目标之后，提出 2030 年可持续发展目标 (SDGs)，为各国政府、企业和公民擘画了通向美好未来的奋斗目标；2015 年，香港联交所推出升级版的《环境、社会及管治 (ESG) 报告指引》，并于 2017 年开始对环境、社会两个范畴相关议题的信息披露同时执行"不遵守就解释"要求；2016 年，全球报告倡议组织发布 GRI 标准，并于 2018 年全面取代 G4 指南。国内来看，2015 年，GBT36000《社会责任指南》《社会责任报告编写指南》《社会责任绩效分类指引》三项社会责任国家标准正式出台；2017 年，中国

社科院推出《中国企业社会责任报告指南（CASS—CSR4.0）》。标准引领下的中国企业社会责任，规范、快速、深入发展。

第三，有"为"可鉴，企业社会责任进入前所未有的质量提升阶段。社会责任管理方面，中铝集团创新实施社会责任"管理模块"与"负面清单"，推动社会责任融入企业战略和日常经营；东风汽车"十二五""十三五"时期连续制订和实施社会责任"润计划"，并组织开展东风企业社会责任月；华润集团探索"以编促管"模式，推动集团和下属单位实现企业社会责任报告编写发布全覆盖。社会责任实践方面，恒大集团投入130亿元扶贫资金和2100多名各级员工在乌蒙山腹地——贵州省毕节市开展脱贫攻坚；中国平安投入100亿元发起"三村工程"项目，致力于实现贫有所助、学有所教、病有所医；近千家中国企业建立公益／慈善基金会，体系化、制度化地开展慈善公益活动。中国社科院发布的《企业社会责任蓝皮书（2018）》显示，过去十年，我国300强企业（国有企业100强、民营企业100强、外资企业100强）社会责任发展指数从2009年的15.2分提升到2018年的34.4分，整体社会责任发展水平有了明显提升。

第四，有"梦"必达，企业社会责任进入前所未有的建功立业阶段。习近平总书记指出，我们的人民热爱生活，期盼有更好的教育、更稳定的工作、更满意的收入、更可靠的社会保障、更高水平的医疗卫生服务、更舒适的居住环境、更优美的环境……党的十九大宣告进入中国特色社会主义新时代，提出军民融合、科教兴国、人才强国、创新驱动发展、乡村振兴、区域协调发展、可持续发展七大发展战略，助力人民群众日益增长的美好生活需要。一代人有一代人的长征路，企业履行社会责任亦是如此。优秀企业和企业家应提前谋划、充分准备，在工业转型、消费升级、"一带一路"等时代洪流中和"全面建成小康社会，实现第一个百年奋斗目标"的背景下，去重新思考企业存在的价值以及如何在未来的商业竞争中实现新的增长和可持续发展，脚踏实地、久久为功。

责任之道，大道当然，企业履行社会责任要处理好四类关系

第一，从空间上，树立全球化格局，兼顾国内与海外。近年来，随着"一带一路"建设的加快推进和实施，中国对外直接投资发展迅猛，已跃居为世界第二大对外投资国。中国企业在更广泛、更深入地参与到世界经济体系的过程中，必将面临诸多不同于国内的责任风险与挑战，如政治体制、法律体系、经济水平、民族宗教、文化风俗等方面的差异，这些风险与挑战并非一朝一夕能够解决，但它将直接或间接制约着中国企业能否顺利"走出去"。有鉴于此，中国企业需革新思路，树立全球化和世界公民思维，在履行好国内责任的基础上，将共生共赢理念拓展至海外，不断强化海外履责意识和能力，并将此作为推动中国企业实施"走出去"战略和进行全球化布局的重要手段和途径。

第二，从时间上，立足长远发展，平衡长期和短期。可持续发展的一个核心概念是时间，从不同的时间维度去思考社会责任议题会得出不同的答案，甚至可能是截然不同的答案。由于竞争激烈、资源短缺等原因，很多中国企业的经营还处在为立足和短期的生存而挣扎的阶段，尚无暇考虑长远的可持续发展问题，因而难免存在不少短视行为。越来越多的研究表明，公司社会表现与其财务表现之间存在不同程度的正相关关系，且没有迹象显示公司的社会投资会降

低股东价值。因此，企业的战略决策要考虑和平衡眼前利益和长远发展，用发展的视角去看待节能减排、慈善公益、品质保障等社会责任议题，以负责任的经营来实现自身的有序成长、基业长青。

第三，从内容上，关注实质议题，厘清全面与重点。一般来说，企业社会责任所涉及的内容和议题具有广泛性，包括员工关爱、供应商管理、安全生产、股东价值、环境保护等，并且这些议题随着社会进步和企业发展阶段的不同，会存在一定程度的动态变化，这往往使得企业无所适从，难以及时调整和应对。对此，企业需要找准定位，在守住法律和社会底线要求的基础上，按照一定时间周期，通过识别核心利益相关方的期望和诉求，以及对企业长远发展的重大影响，筛选出本企业核心社会责任议题，并根据筛选结果及时调整企业的履责重点，实现企业经济社会价值的最大化。

第四，从方式上，创新传播思路，把握内容与形式。如今，发布社会责任报告已经成为许多企业的共识，报告发布的周期越来越短，形式也与时俱进，由纸质版、电子版报告进阶为微信版、H5 版、视频版、简版等。作为信息披露的有效工具，社会责任报告在企业的公开透明、利益相关方沟通方面扮演着重要的角色，但也逐渐呈现诸如"内容空洞""形式乏力""报喜不报忧"等与发布报告初衷相背离的问题。今后，企业在进行社会责任信息传播时，要时刻把握社会责任信息披露的目的是与各利益相关方的沟通和交流，不仅要做到内容全面、准确、及时等，还要有效利用新媒体等手段，创新传播思路，达到"内塑品质，外树形象"的效果。

不忘初心、继续前进，新时代赋予企业社会责任新价值

如何理解企业社会责任的价值是开展社会责任工作的首要问题。长期以来，企业开展社会责任工作或以满足监管要求为先，或以塑造品牌形象为要，或以提升管理水平为本。新时代，企业社会责任价值已经大大超出企业层面，成为重塑中国政府、市场与社会关系，实现经济、社会、环境综合价值最大化的重要抓手。

第一，企业社会责任成为治国理政的重要内容。党的十八届三中全会指出，以规范经营决策、资产保值增值、公平参与竞争、提高企业效率、增强企业活力、承担社会责任为重点，进一步深化国有企业改革，企业社会责任第一次写入党的文件；党的十八届四中全会提出"加强企业社会责任立法"，企业社会责任成为"依法治国"的重要组成部分；党的十八届五中全会强调增强国家意识、法治意识、社会责任意识，并提出了"创新""协调""绿色""开放""共享"新发展理念；党的十九大把防范化解重大风险、精准脱贫、污染防治等企业社会责任核心议题作为全面建成小康社会必须打赢打好的"三大攻坚战"，从满足人民群众日益增长的美好生活需要的高度，统筹部署和推进。

第二，企业社会责任成为凝聚共识的重要支撑。21 世纪以来，特别是 2006 年以来的十多年间，政府部门、社会团体、研究机构、社会公众和新闻媒体等多方力量，从发展理念、政策导向、标准建设、理论研究、品牌保护等维度，不断构建和完善企业履行社会责任的内容与生态。企业应秉承"创新""协调""绿色""开放""共享"新发展理念，转型升级，做强做优，实现高质量发展；实实在在、心无旁骛地做一个主业，为社会提供优质的产品与服务；深入贯彻执行"精准扶贫、精准脱贫"基本方略，立下愚公移山志，打赢脱贫攻坚战；坚持"绿水青山

就是金山银山"，珍惜资源，保护环境，集约发展……企业履行社会责任成为新时代国家的要求，企业的需要，人民的期盼。

第三，企业社会责任成为国际交往的重要名片。2015年，联合国通过《2030年可持续发展议程》，中国政府随即颁布《落实2030年可持续发展议程中方立场文件》，制订《中国落实2030年可持续发展议程国别方案》，发布《中国落实2030年可持续发展议程进展报告》；2016年，中国全国人大批准中国加入《巴黎气候变化协定》，成为第23个完成批准协定的缔约方；2016年，习近平在中共中央政治局第三十一次集体学习时强调，我国企业"走出去"既要重视投资利益，更要赢得好名声、好口碑，遵守驻在国法律，承担更多社会责任。2018年，习近平在中非合作论坛北京峰会主旨讲话中，提出"支持成立中国在非企业社会责任联盟"。中国政府和企业高举社会责任的大旗，与世界人民一道，营造人人免于匮乏、获得发展、享有尊严的光明前景，建设合作共赢的人类命运共同体。

分享责任、凝聚力量，共同构建可持续发展的未来

印度著名小说家普列姆昌德曾说，责任感常常会纠正人的狭隘性，当我们徘徊于迷途的时候，它会成为可靠的向导。英国功勋首相丘吉尔认为，高尚、伟大的代价就是责任。当前，各国商学院纷纷设立社会责任课程。在中国，企业社会责任也越来越受到教育培训部门的关注。2009年5月，全国MBA商业伦理与企业社会责任（案例）教学研讨会颁布《关于工商管理硕士（MBA）研究所培养过程的若干基本要求》，规定MBA教育项目的"课程设置、教育环节或课程内容中应该包含有企业社会责任和商业伦理教育的具体内容和明确要求"，并于2009年开始在上海交通大学安泰管理学院、北京大学光华管理学院、中山大学岭南学院、浙江大学管理学院、西安交通大学管理学院、华东理工大学商学院和南开大学商学院、西南财经大学光华校区连续十年召开全国MBA商业伦理与社会责任教学研讨会。越来越多的教学机构将企业社会责任纳入教学环节，培育新时代的商业人才。教学之外，大量企业管理人员也通过社会责任的专业培训来统一认识、更新理念、积累知识、提升技巧，以更好地管理复杂的社会、环境议题，应对多元的挑战。

2010年9月，中国社科院企业社会责任研究中心在中国社科院研究生院MBA项目上开设了中国MBA第一个企业社会责任必修课，并于2011年汇编出版了授课老师讲义集——《分享责任》，在中国企业社会责任课程教材的建设上迈出第一步。2012年，为进一步提升教材的系统性，中心组织编写了《企业社会责任基础教材（第一版）》，实现了国内企业社会责任教材"从无到有"。七年后的今天，企业社会责任的理论与实践、制度与环境都发生了巨大变化，编写和出版一套完整、系统、扎实、前瞻的企业社会责任教材，可谓恰逢其时，不仅可以满足当下学术界和政策界的研究需要，满足高等院校企业社会责任及相关专业的教学需要，还可以满足广大社会责任从业者的学习需求。

本套教材的策划开始于2018年，于2019年2月正式启动。2019年2月22日，《企业社会责任基础教材（第二版）》编写启动暨研讨会在中国社科院召开。来自国务院国资委、中华全国总工会、中国社科院、清华大学、上海交通大学、中山大学、华南理工大学、暨南大学、北方工业大学、南方周末中国企业社会责任研究中心、责任云研究院和华为等国内著名学府、研

究机构和企业的 15 名专家出席会议。确定了教材编写的原则：一是理论体系合理。教材在企业社会责任统一规范的理论框架下编写，概念清晰，体系完备，结构合理，涵盖从理论到方法再到应用的方方面面。二是内容充实新颖。教材充分参考和借鉴国内外最新理论研究成果，结合中国企业社会责任发展的实践展开分析和说明。三是线索清晰简洁。教材基本定位于教学用书、学习用书，在对相关研究成果进行整理时，力求重点突出、简明扼要。四是形式通俗易懂。教材尽量避免艰深难懂的语言，并配有大量内容翔实、生动的案例和图片，便于读者理解和学习。为向读者提供丰富的案例，我们还征集编写了《分享责任——企业社会责任基础教材（第二版）案例集》，今后还将出版系列案例集，分享中国企业社会责任的最新实践。

我们期待《企业社会责任基础教材（第二版）》的出版能够推动企业社会责任相关专业的教学和科研工作，也希望这套教材的出版能起到抛砖引玉的作用，为我国企业社会责任制度建设和学术研究贡献一份绵薄之力。让我们携手开启责任新时代，共同开创美好新未来，这样的希望，是理论界的，更是企业界的，是中国的，更是世界的。

国务院国资委秘书长　彭华岗

2019 年 6 月

目 录

环境责任篇

第一章
兵器工业集团：对标国际一流，打造绿色矿企典范

　　万宝矿产有限公司（以下简称"万宝矿产"）是隶属于中国兵器工业集团有限公司下属中国北方工业公司的国际化矿业公司。作为北方公司"五位一体"重要战略板块，万宝矿产肩负着兵器行业海外资源开发的核心使命。近年来，伴随公司海外项目的陆续建成投产，如何做好绿色矿山建设，促进企业、社会、自然的和谐统一成为公司面临的一项挑战。万宝矿产坚持"绿色、环保、共赢、可持续"的发展理念，逐步树立起了"负责任"企业的良好形象，赢得了项目所在国的一致好评。

一、责任背景

　　缅甸莱比塘铜矿项目（以下简称"L 矿项目"）位于"一带一路"沿线重要国家缅甸的西北部实皆省，拥有铜资源量 558 万吨，属特大型斑岩铜矿，铜平均品位为 0.38%，项目采用露天采矿、生物堆浸、萃取、电积工艺，预计项目总投资 11.75 亿美元，设计生产规模年产阴极铜 10 万吨。

　　作为 L 矿项目的开发方，万宝矿产妥善处理项目环境风险。坚持"可持续发展"的理念，对标国际一流矿企良好实践，执行高规格的环保标准，采取严格的环保措施，取得了良好成效。

二、责任行动

（一）引入绿色管理理念，按照国际标准和良好实践设计、建设 L 矿项目

　　L 矿项目通过绿色工艺设计理念，采用"露采—堆浸—萃取—电积"流程，做到工业用水零排放，并将项目对环境的影响减至最低。

　　堆浸场底部采用"粘土层 +HDPE 膜 + 砂质粘土缓冲层 + 卵石砾层"设计，膜上膜下粘土层压实厚度 300mm，膜下粘土层碾压后防渗系数达 $1×10^{-8}$m/s 以上。膜上膜下粘土层与 HDPE 膜形成防止溶液渗漏的多重保障，保护土壤和地下水。设计时充分考虑了酸雾对空气质量的影响，部分堆浸场单元采用滴淋方式布液，减少酸雾产生。排土场设计为粘土包裹防渗结构，排土场运营过程中至关闭后，将逐步实施复垦。复垦后，排土场整体由里向外依次为：酸性废石—重金属废石—非产酸废石—粘土层—碎石土持水层—表土层—植被，最大程度接近天然地貌。废石排放严格按照四大步骤：1. 炮孔取样；2. 根据废石产酸能力，分为非产酸废石

（NAF）、潜在产酸废石（PAF）、重金属废石（LEACH）；3.圈定废石，分类装运；4.废石分区排放。潜在产酸的废石和重金属废石外围用非产酸废石和粘土紧密包裹，隔绝水和空气，从源头上控制酸性水产生。

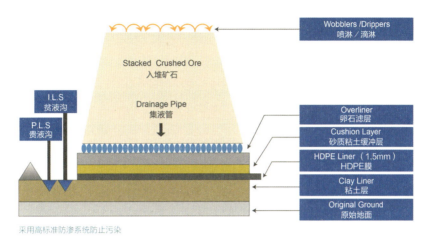

图1-1　采用高标准防渗系统防止污染

（二）健全环境管理方法，将项目对环境造成的影响降至最低

在ISO19001—2015、ISO14001—2015、OHSAS18001—2007三个国际标准基础上，万宝矿产严格执行世界银行IFC准则（即国际金融公司准则）等国际惯例及缅甸国家环境法律法规要求，充分考虑铜矿所处周边社区对环保的诉求，同时融合了公司的ESIA环评承诺，建立并完善了一套高标准的环境管理制度体系。2017年，环境管理体系成功获得SGS的审核认证。良好的环保实践也获得了缅甸政府认可。

自2013年起，万宝矿产聘请澳大利亚Knight Piesold公司编制环境和社会影响评估报告（ESIA），全面科学系统地对矿区建设所产生的综合影响进行评估，并制订项目环境管理计划（EMP）和社会管理计划（SMP）。2015年5月27日，莱比塘铜矿项目ESIA报告获缅甸环境保护与林业部正式批复，成为缅甸第一个获得国家审批的大型矿山项目环评报告。缅铜将ESIA报告纳入项目环境管理体系，成为项目建设期和运营期实施环境保护和社区关系维护的指南。

图1-2　L矿项目ESIA报告

节能降耗减排是企业重要的社会责任。L矿项目现有5座生活污水处理站，污水经处理达标后，通过排水系统汇集到矿区北侧集水池，并循环利用于矿区洒水降尘、绿化灌溉水等，每年节约用水约624000m³。同时，公司实施"三废"分类管理，按照废弃物环境管理计划进行详细分类，统一标识，并在项目区内按照国际良好实践设计、建设了废弃物分类处置设施，包括生活垃圾填埋场、生物净化池（废油池）、化学废弃物处理池，由环保部门统一收集处置。

L矿项目现有专业的环境监测团队11人，全部来自周边社区的大学生，他们本身对项目环境状况最为关注，在更客观、专业地执行环境监测计划时，可以对项目环境保护工作起到社区监督作用。目前，L矿内部监测项目包括空气质量、水、噪声、爆破震动，监测点合理分布在项目区边界及重要设施周边，确保监测结果及时反映项目作业活动对环境的影响，有效控制环境风险。

（三）贯彻"安全第一、预防为主、综合治理"的方针，坚持"安全发展"的理念

在万宝矿产总部的监督和指导下，L矿项目建立了以QHSE部专职安全管理员为基础，各部门及生产承包单位安全管理员为骨干的安全管理体系，形成了一张自上而下、全覆盖的安全生产管理网。逐层签订年度安全生产责任书，实行以安全生产管理目标考核为导向的分级管理。2017年，进一步完善了安全管理的各项规章制度、安全操作规程、应急预案等，并再次通过了SGS三标体系外部审核，进一步规范了现场安全管理，夯实了安全管理基础。

图1-3　QHSE证书

在充分考虑当地实际情况的条件下，不断将国内外的一些安全管理的成功经验融入日常安全管理工作之中。2017年，公司加大了安全投入，用于隐患治理、改善安全基础设施和安全作业条件等。如为降低矿区道路交通安全风险，完善了道路交通安全标识、设置了路侧挡坎或警示桩、增设了道路夜间照明设施、采购了自动测速拍照设施，还经常对矿区道路进行修缮与平整。

公司新员工入职时，均须接受岗前三级安全教育，学习公司安全管理规章制度、安全操作规程等，以树立安全生产基本意识、掌握安全生产基础技能，并在有经验的老员工的带领、指导下开展工作。针对一些危险性较大、需要一定特殊技能的工种（如电工、焊工、驾驶作业、叉车操作等），系统组织对其进行培训、考核和备案。2017年，累计进行安全培训 7368 人次。

目前，L 矿项目组建有专职消防队 1 支，兼职消防队 1 支，专职医疗救护队 1 支。2017年，公司进一步完善了应急管理体系，建立了公司级应急预案、部门（厂）级现场应急处置方案，全年组织进行应急演练 24 次，出动消防车支援周边村庄灭火 2 次。

（四）打造"绿色矿山"与"花园厂区"

复垦及绿化是莱比塘铜矿项目实践 ESIA 承诺的重要举措之一，公司始终贯彻绿色环保理念，高度重视环保工作。2017年，在 L 矿项目 13 个区域内开展绿化工作，努力打造"绿化矿山""花园厂区"，年内种植乔木 9446 棵，铺种草皮 84322m²，新增绿化面积 142628m²。2013年至 2017 年累计已植树 68861 棵，移植草皮 125538m²，总绿化面积达 959179m²。此外，公司组建了两支 L 矿项目专业绿化队伍，共 80 人，专门负责生活区和矿区的绿化复垦工作。同时开拓了 2 处苗圃，采集培育周边的树种、花种，为项目复垦及绿化工作提供了树苗和花苗。

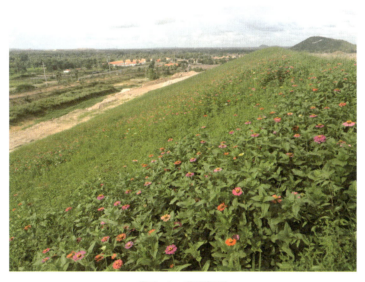

图1-4 矿区复垦

三、履责成效

万宝矿产秉承"建设绿色矿山"的可持续发展理念，建立健全环境管理体系和标准，以实际行动履行 ESIA 的环境承诺，坚持绿色管理、绿色经营，行之有效地保护环境，获得了项目所在国政府及有色金属行业内的广泛认可和赞誉。2017 年 12 月 14 日，万宝矿产获选中国有色金属工业"年度绿色发展领军企业"荣誉称号。12 月 20 日，L 矿项目获得了缅甸自然资源与环境保护部颁发的《环境合规证书》（ECC）。

安全环保工作是矿业项目顺利运营的重要保障。万宝矿产将继续秉承"友好合作，互利共赢"的发展战略，力求实现和谐发展、共赢发展。以"安全第一、以人为本、环境友好、社区和谐"的可持续发展理念，在注重安全生产的同时，将环境保护、社区发展作为公司经营的重中之重，把公司发展同所在国发展有机结合。努力将莱比塘铜矿项目建设成为缅甸外商投资的示范项目，打造绿色矿企新典范！

第二章
中国宝武：城市钢厂的"宝武样本"

面对能源环保的巨大压力，中国宝武持续大力投入解决污染治理难题，以创新的工艺技术推动转变发展方式，通过"三治"，实现废气超低排、废水零排放和固废不出厂，实现环境的"洁化、绿化、美化、文化"。同时还利用自身技术能力帮助城市消解危废物，使用余热替代低效高负荷的能源，让钢厂成为城市的重要"器官"，实现城市与钢厂和谐发展。

一、责任背景

中国宝武下属钢铁企业大都处于省会城市或沿江、沿海重要城市，传统钢铁行业具有"高消耗、高排放"的行业属性，不仅面临巨大污染减排压力，还面临能源消费强度和总量"双控"及控煤约束，更面临着与城市产业发展结构的冲突。如何实现钢厂与城市的和谐发展，如何让节能减排投入转变为企业竞争力，成为城市钢铁企业必须回答的问题。

二、责任行动

打好环保攻坚战是中央企业的政治任务，中国宝武重新定义"城市钢厂"，让钢厂成为城市的重要"器官"，通过"三治"，实现废气超低排、废水零排放、固废不出厂，实现环境的"洁化、绿化、美化、文化"。

（一）废气超低排

作为长流程钢铁企业，烟气、粉尘综合治理，异味排放控制等问题一直是中国宝武投入巨资研究的方向。早在 2006 年，宝钢股份相关课题研究就已启动。课题从解决生产现场迫切问题、满足国家法律法规和前沿、前瞻性应用技术研究三方面入手，开发了一体式双极荷电电凝聚技术与装备，填补国内空白，成功应用后实测 PM2.5 减排 52%、烟尘总排放减少 22.6%；项目还系统研究了二噁英产生机理，形成了源头控制＋过程抑制＋末端携流吸附的二噁英复合减排技术，复合脱除效率高达 95% 以上，实现二噁英排放浓度 ≤ 0.5ngTEQ/Nm^3。该项目获得 2018 年冶金科学技术奖二等奖。

针对我国烧结生产效率低、产品质量不稳定、能耗高、环境污染严重、装备水平落后等诸多问题，宝钢股份联合多家单位，开展"高效节能环保烧结技术及装备的研发与应用"技术研究，获得国家科学技术进步二等奖。经过 15 年的自主创新，该项目研发了厚料层高效烧结关键技术及装备、首创了环冷机液密封技术及装备、发明了余热循环及回收高效利用技术及装备、开发了活性炭烟气净化技术及装备。该项目形成专著 1 部、国家标准 1 部，获得授权专利 26 件、软件著作权 1 项。2011 年起，宝钢股份启动炼铁区域主产线的改造规划，投入 100 多亿元，一揽子解决原料、烧结、炼焦、高炉各单元环保装备、技术相对落后的问题，直接对标国家、国际最严排放标准，甚至超前考虑未来更加严苛的指标要求。7 年间，先后建成国内首台烟气脱硝、脱二噁英示范工程等项目，实施三号烧结机大修改造，高起点、严标准自主开发具有世界一流水准的烧结综合环保提升技术，形成活性炭烟气净化技术、液密封环冷机技术、节能环保立式综合筛分技术等 10 大技术创新成果，厂房、机组生产、皮带通廊等均实现全封闭。改造完成后，粉尘污染基本根除，主要废气排放指标大幅优于国家标准，其环保运行指标达到全球钢厂领先水平。曾经是钢铁制造过程中最脏、粉尘最大的烧结机，现在竟然可以在旁边喝咖啡。中央第二环保督察组组长朱之鑫高度评价了烧结区域环境提升："全国的烧结机要都像宝钢的三烧结这么环保就好了！"

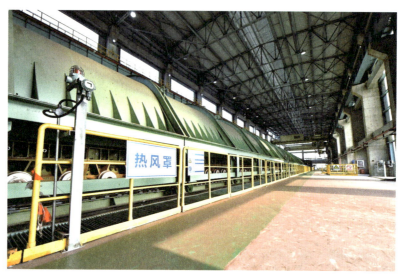

图2-1 改造后环境整洁的三烧结

（二）废水零排放

焦化废水中污染物种类多、成分复杂，相对其他工业废水来说零排放实施技术难度更大。目前相关行业所称的焦化废水"零排放"项目多是将废水经生化及混凝处理达到间接排放标准后送焦炉熄焦、高炉冲渣以及烧结混料等，极易造成废水中的污染物向大气以及土壤中转移，且可能对钢铁大生产造成较大的影响。

中国宝武自 2005 年起开展焦化废水零排放研究，10 多年来攻克了焦化废水零排放技术中的一个又一个难题，取得 7 大关键创新突破，形成膜分盐浓缩等 16 项专利和技术秘密，并实现了国内外首套自主集成的真正意义的全焦化废水零排放装置，装置包含焦化废水生化处理、深度回用以及浓水结晶 3 个系统，设计处理能力 120m³/h，产水率 >96%，产出工业氯化钠和无水硫酸钠，无杂盐危废产生。该示范工程每年可产生 100 万吨工业新水，减少 78 吨 COD 排放量（相对于直排企业）。项目核心技术不仅可广泛应用于焦化行业，还可为钢铁单元实现废水零排放提供强有力的支撑，目前，湛江钢铁已开始新建一套废水零排放示范装置，每天的设计总处理规模为 5000 吨，这将是国内钢铁企业第一次对全厂废水实施真正意义上的零排放工程。

图2-2   经过零排放处理后的工业新水中，鱼儿正悠闲地游动

（三）固废不出厂

围绕 2020 年基本实现"固废不出厂"的目标，中国宝武从技术创新到管理流程改善，采取一系列措施着力推进。

建立健全固体废物信息化管理系统，实现固体废物从源头产生到出厂的全流程管控，同时分享固废产品化经验、研讨干法脱硫灰及无价污泥技术处置难题。

通过源头削减、返生产利用、返原厂等方式，中国宝武各生产基地已实现石灰石泥饼、含铁尘泥、废耐材等三大固废不出厂。自主研发、创新集成以直接还原工艺为核心的转底炉技术，可处理钢铁厂大量的除尘灰、冶金尘泥，特别是含铅锌的炉尘或尘泥这些"有毒固体废物"。相比于传统的回转窑工艺，无须燃料的制备和原料的深加工，具有脱锌效率高，性能稳定，零排放的特点，处于国内领先水平。针对固废中环保风险最大的无价污泥，增设热脱附设备。推进电炉灰全部加工返生产，压块加工后的电炉灰压球进入转炉和电炉利用取得实质性进展，预计全年仅宝钢股份宝山基地就可厂内利用 3.6 万吨。开展脱硫灰转化产品的研究，经过对中试试验转化产物脱硫石膏的检验分析，1 小时转化率可达 90% 以上。

推广大宗工业固体废物产品化认证。在持续推进冶金渣资源化利用技术的研发过程中，共形成 74 项专利技术和多项技术标准。宝钢股份宝山基地建成钢渣加工中心，9 大类固废资源的产品化认证工作已全部完成，产品化率达 73%，真正实现"变废为宝"。

（四）钢厂与城市和谐发展

中国宝武正逐步将自身的环保能力拓展为城市的综合能力。

建设中小企业危险废物收集贮存转运平台，将中小企业的危险废弃物进行归集处置，通过提供全方位的环境管理咨询服务、指导和帮助，提高中小企业完成危险废物转移处置过程中的环保合规性，大幅度改善其环境管理能力不足的现状，成功缓解当前中小企业危险废物处置路径不畅的难题。

取得钢铁行业首张危废处置经营许可证，利用冶金炉窑协同处置城市废油漆桶，并设计开发废油漆桶压块包膜设备，通过对压块整形后的油漆桶块外层包覆塑料膜，杜绝 VOCs 无组织排放，该技术已获得专利认证。宝钢股份宝山基地至今已完成油漆桶入炉处理量 2.7 万余吨，约占上海全市的 1/3，2019 年预计还可处置 6000 ～ 8000 吨。

利用钢铁企业余热生产热水，将原来无法利用的低温余热（废热）利用起来，向周边社区进行移动供热，替代宝山区范围内 60 余家单位的 186 台燃油、燃煤小锅炉。

三、履责成效

经过多年的努力建设，中国宝武在治气、治水、治固等工作上绩效显著。在国资委第五任期节能减排考核中，中国宝武的二氧化硫、化学需氧量和氮氧化物排放量分别下降 22%、18% 和 24%。截至 2018 年，宝钢股份固废整体综合利用率实现 99.30%，固废综合利用在全球钢铁行业中处于领先水平，其他各大生产基地也均高于 98%。

"绿水青山就是金山银山"，中国宝武将以中央企业的历史使命与责任担当，贯彻、落实习近平总书记关于"坚持新发展理念、推动高质量发展"的重要指示精神，提高认识，加快建设"高于标准、优于城区、融入城市"的绿色城市钢厂。

图2-3　环境优美的宝钢股份厂区

第三章
南方航空：小小电子飞行包的经济、环境效益

创新发展、绿色发展是企业实现可持续发展的应有之义。南航秉持创新、绿色发展理念，于 2018 年 10 月 16 日全面推进电子飞行包电子放行模块，并同步投入使用电子任务书，实现国内始发航班运行的纸质材料全面电子化，进入全机队无纸化运行的新时代。至此，南航成为国内首家全机队同时获得纸质资料电子化和电子放行的航空公司，以实际行动推动公司的创新、绿色发展进程，实现环境效益与经济效益的同步提升。

一、责任背景

飞机已成为重要交通工具，为人们的日常出行带来极大的便利，但同时，因航空飞行排放温室气体导致的气候变化日益成为全球关注的严峻环境议题，如何在提供便利交通的同时减少环境影响成为航空业亟须解决的现实问题。南航深刻地认识到，只有提高能效、减少碳排放才是公司实现可持续发展、提升自身竞争力的正确发展方向，自觉承担起节能减排的重任，以应对气候变化。

南航秉承"绿色飞行、绿色消费、绿色服务"理念，持续探索创新，深挖航行过程中的节能减排潜力，并借助信息化技术，定制化研发出具有南航特色的系统——电子飞行包（EFB），实现无纸减重飞行，降低航油消耗及二氧化碳排放，减少环境影响。

二、责任行动

2018 年 4 月 25 日，经民航中南管理局批准，南航全机队正式撤除机上纸质飞行材料，启用一级电子飞行包（EFB）运行，这标志着南航全面迈入驾驶舱无纸化运行时代。

（一）自主研发，打造专属南航的电子飞行包

作为负责任的企业，南航很早就注意到飞行中繁重的纸质飞行材料给环境带来的负面影响。基于此，南航发挥自主研发优势于 2015 年底启动 I 级 EFB 项目，着手开发可以取代纸质材料箱的资料贮备工具，为飞机减重。经过近三年的研发验证，南航成功打造出专属 EFB 电子飞行包——电子飞行包放行模块不仅具有可为飞行机组提供覆盖航班任务全过程的主要功能，还能凭借定制化研发的南航特色系统快速响应业务需求。此外，在无纸化运行期间，通过软硬件远程监控及一系列备份措施，保障智能监控、安全运行。

（二）提前宣贯培训，确保"无纸化"运行平稳

在EFB电子飞行包正式投入使用前夕，南航提前进行相关内容的宣贯，开展各类应急培训工作，在签派放行大厅为机组讲解相关注意事项，为"无纸化"运行的安全、平稳提供支持与保障。

（三）强化管理，提升安全运行效率

EFB电子放行模块投入使用后，将所有飞行计划、放行资料都集成导入iPad平板电脑中，极大地提高了签派放行效率，并实现放行资料实时更新，供飞行员实时使用。在飞行前，飞行员可通过电子飞行包提前三小时获取执飞航班的各项信息，并通过平板电脑在线上操作直接完成飞机起飞前签到、检查、放行讲解等环节，有助于提升效率和安全指数。在飞行过程中，飞行员还可以借助EFB电子飞行包直接查询飞行途经各地的实时天气情况和飞机的各项参数，为飞行安全提供更大保障。同时，在运行条件发生变化时，地面人员还可通过EFB电子飞行包在最短时间内将相关信息传递给飞行机组，有效提升运行效率，提高航班运行正常率，保障旅客顺利出行。

（四）绿色飞行，助力减少环境影响

EFB电子放行模块包可实现将包括《运行规范》《机场分析手册》《飞行运行手册》《危险品运输手册》等在内的飞行手册、航图资料及放行文件等以电子书的形式装载在一台小小的平板电脑中，以减少纸质资料订购、减少纸张消耗。仅以航行情报资料为例，2017年南航打印的纸质资料大约为6.6吨，相当于砍掉17棵生长约8年，20尺高大，树干直径约8寸的树木。实现无纸化运行后，南航预计一年就可减少消耗660吨纯净水、4000度电、近20立方米木材。同时，使用电子飞行包后，每架飞机、每次航行都可减少50公斤左右的纸质文件负重，助力减小机舱内载重，进一步降低燃油消耗，减少温室气体排放。

三、履责成效

2018年10月16日，南航正式在航班运营中启用电子飞行包电子飞行模块，并同步投入电子任务书。电子飞行包（EFB）投入使用后，南航所有从国内机场起飞的航班全面停用纸质签派放行文件，带来极大的环境效益，也显著提升了飞行员的决策效率和水平，让飞行更可靠。

（一）环境效益

南航每天飞往世界各地的航班数量超过3000班，按照南航目前的603架飞机，每架飞机日均10小时利用率计算，可节省超过15万页的文件打印数量，减少9.9吨纸张消耗，预计每年节省运行成本1500余万元，减少二氧化碳排放近8420吨。

（二）经营效益

电子飞行包的使用，极大地提高了南航的信息化水平。以往飞行员进行国内航线准备时，是拿着笔和尺子在几张地图上画出航路的，而现在飞行员打开电子平板，各种航班运行所需的信息一目了然并且保持实时更新，帮助飞行员提高决策效率，让飞行更可靠、更安全。

EFB 电子飞行包，只是南航创新发展、绿色发展过程中的一个掠影。未来，南航将会进一步丰富 EFB 电子飞行包的数据支持能力，加强 EFB 电子飞行包的应用推广，推动南航运行效率与运行质量双提升，在为航班运行提供信息化、电子化支持的同时，深入践行绿色发展理念，更好地保障旅客安全出行、绿色出行，向世界呈现一个更可持续的南航。未来可期，南航一直在路上。

第四章
中国能建：做好水环境治理，守护海口碧水蓝天

基于国家对生态文明建设和环境保护工作的高度关切，中国能建紧跟国家发展步伐，踏准发展节奏，积极抢抓国家推进生态文明建设、大力发展节能环保产业的历史机遇，履行央企责任担当，主动秉持"改善人民生活、促进社会发展"的责任意识，将社会责任与企业结构转型升级相结合，社会效益与经济效益相结合，努力将环保业务打造成推动企业持续健康发展新的增长级。本案例主要以中国能建所属中国葛洲坝集团第一工程有限公司（以下简称葛洲坝一公司）承建的海口水体环境综合治理PPP项目为例，展现在采取控源截污、内源清淤、活水畅流、生态修复等方式治理黑臭水体取得的成效，以及对促进海口市人、水、城和谐共生，拉动当地经济增长作出的贡献。

一、责任背景

海南海口市美兰区鸭尾溪全长约两公里，流经海口市海甸岛。2015年11月被住建部和环保部列入黑臭水体。2016年2月23日，央视《新闻30分》播出海口市美兰区鸭尾溪水质污染严重报道。曝光后，海南省委、省政府主要领导高度重视，要求海口市及时应对处置。海口市委、市政府立即进行安排部署，并召开专题会议，要求针对此次央视反映出的问题严肃公开处理、回应社会关切，采取切实有效措施抓好整改工作。

2月24日下午，海口市委、市政府召开鸭尾溪水体治理工作新闻通气会，明确提出遵循"科学系统、源头治理、综合施策、标本兼治"整治原则，按照"一河一策"的思路，全面系统开展水环境综合整治，力争在2016年9月底内消除鸭尾溪水体黑臭现象，2016年底消除水体黑臭，2018年底全面消除劣V类水体。

2016年5月，中国能建所属中国葛洲坝集团有限公司（以下简称葛洲坝集团）以PPP模式，中标包括鸭尾溪在内的海口10个水体的污水治理项目，葛洲坝一公司承担具体施工任务。

图4-1　黑臭水体治理前

二、责任行动

（一）加强总部统筹

一是主导项目前期工作。明确专责领导、专责团队，制定前期工作手册和清单，紧密配合集团相关单位，积极对接政府部门、金融机构等相关方，针对性解决项目在入库、融资、施工许可等方面的合规性障碍，采取"保姆式服务"将项目送入良性轨道。

二是推行项目全周期管理。围绕前期、设计、采购、施工、移交等各阶段，制定动态管控清单，开展常态化联合巡查，确保本部实时掌握项目真实情况，发现问题及时预警，及时提供解决方案。

三是加强队伍建设。持续性开展 PPP 项目管理培训，加强经验共享与共性问题研究，定期编发管理简报、宣讲管理要点。

（二）突出设计协同

一是明确设计协同思路。要求项目经理与设计单位高层保持深度沟通，确保总承包项目部在设计管理中"前期知底、中期知情、后期知效"，做好现场考察、设计评审等工作，全力支持和帮助设计单位履约。

二是开展设计优化。深度参与设计交底、施工图会审，掌握设计意图，在对现场详细踏勘的前提下，从有利于提高工程实施效率及质量的角度，积极为施工图设计提供支撑性依据及服务，如征迁难度及地质情况，提高施工图设计的可实施性。

三是注重设计沟通。建立与相关方的高效沟通网络，快速解决制约项目实施、又涉及各方的难点问题，如水务项目成套设备参数确定、关键工序节点实施方案等。

（三）推进技术创新

一是超前开展技术策划。深入现场排查，熟悉项目环境，分析确定水体污染成因，根据不同的水质情况及周边环境的调查、取样、分析，确定水体的污染源及水质情况，协助设计单位制订针对性实施方案。

二是深化工艺系统研究运用。围绕达标投产、后期运营及效益目标，开展全过程水（体）处理工艺研究，根据各项目特性，充分研究和应用水生态系统重构、水体原位修复、水体造流曝气、全自动一体化 IFAS 及 MBBR 工艺、ICB 膜处理、AOP 高级臭氧氧化等技术，以开源疏导、水网互联将"死水变活水"，以截污纳管、生态修复使"黑水变绿水"，以分节处置、集中治理让"污水变净水"。

三是积极引入"外脑"。与清华大学、武汉大学、中国地质大学等高校合作，聘请业内专家利用项目实施平台开展"五新"技术研究和应用。

四是总结技术成果。成立水务环保创新工作室，点对点制定科技管理策划，全过程开展科研总结，先后申报专利 12 项，其中已获国家发明专利授权 3 项、实用新型专利授权 5 项、发表论文 10 余篇。

（四）落实履约主责

一是主动整合资源。项目部成立报批报建工作组、征迁协调工作组和设计图纸协调组，组织相关方领导及具体实施人员深度参与，建立定期开会、问题反馈与解决、绩效考核与评价等配套制度，形成合力、提高效率。

二是强化承（分）包商管理。以合同执行为主线，把好承（分）包商的准入、合同、培训、现场管理、经营结算、资料、民工工资发放"七个关口"，做到严格管理、热情服务。

三是严格质量管控。本部引进国际先进设备、组建专业团队，针对各项目主体工程、隐蔽工程实施质量"飞检"。聘请专家驻场督办成套设备生产、组装全过程。

四是及时收尾移交。在做好日常基础工作的同时，制订消缺处理计划表、资料整编计划表及竣工验收计划表，通过定人、定时间、定考核指标，及时完成尾工处理。

三、履责成效

（一）履约成效

海口水环境综合治理项目于 2016 年 6 月开工建设，按设计图纸要求于 2018 年 10 月完成了标段内 11 条水体的清淤、截污、生态护岸、污染源整改、生态修复等工程施工，并移交运营单位。目前各水体各项水质指标均达到了《城市黑臭水体整治工作指南》中消除黑臭的指标要求，在海口市生态环保局的监测数据中，鸭尾溪自 2017 年 9 月后稳定达到地表水 Ⅴ 类标准，海甸溪类 Ⅳ 类标准，横沟河 Ⅲ ～ Ⅳ 类标准，外沙河 Ⅳ 类标准，各项应用技术在治理中均起到关键性的作用。

图4-2　海口水环境项目治理后

项目建设过程中，葛洲坝一公司以高效履约树立葛洲坝品牌，海口市美兰区政府向葛洲坝集团发出贺信，央视、《海南日报》、海口市广播电视台、海口新时空等主流媒体分别对鸭尾溪、白沙河等水体重现碧波荡漾进行了专题报道，2019 年 1 月，央视《焦点访谈》以"生态治水 湿地入城"专题报道了海口黑臭水体综合治理成效。

图4-3　治理成效《焦点访谈》专题报道

（二）经济效益

在实现经济效益方面，已实施的海口水环境治理项目不仅将为所在地区带来社会环境效益，也将提升所在城市品位，优化商业环境，促进当地经济效益发展。海口水环境综合治理项目经过环境整治实现了水务功能效益最大化，促进和提升了周边土地价值，引领了城市滨海生态文明建设新方向。

通过优化施工技术方案，采用新技术和新工艺，直接或间接节省成本费用约 2700 万元。其中，鸭尾溪、白沙河经过多方调研后选用"地表水域的水质直接净化方法"节约直接成本约259.2 万元。在该工艺中选用专用造流曝气设备，相比于同类型同功能的曝气设备运行功率约小 1 千瓦，节约电费约 387.41 万元。

鸭尾溪、白沙河、仙月仙河污水截污系统采用分散收集分散处理，采用一体化处理系统对新建截污管网收集的污水进行处理，节约采购成本约 457.17 万元。一体化设备采用的电解除磷装置，有效节约运行成本 578.16 万元（运营期 15 年）。同时，通过电脑或手机客户端对设备运行情况进行远程监控和控制，可节省运维人力成本约 1080 万元。

（三）社会效益

通过黑臭水体治理，昔日的黑臭异味墨汁横流已经变成今日的鱼翔浅底路人驻足，水质检测符合合同要求，实现了防洪、截污、补水、造景、休闲等多重水务综合功能需求的统一，达到了水清、岸绿、景美的目标，不仅有利于全面落实海南绿色发展理念、推进生态文明建设，为建设美丽椰岛助力，也为海口市民追求人与自然和谐统一的步伐坚定了自信，为山灵水秀生态美的画卷添上了浓墨重彩的一笔。

当地居民生活环境不断改善，生活品质持续提升，助力了海口市"创建国家卫生城市""创建全国文明城市"评审工作，得到海口市人民政府、美兰区人民政府、当地居民及海南各界新闻媒体的大力表扬，树立了葛洲坝水环境综合治理铁军形象，为海南市场深耕作出了突出贡献。

　　建设美丽中国已成为国家战略。《国务院关于印发"十三五"生态环境保护规划的通知》中明确指出，要大力整治城市黑臭水体，到 2020 年，地级及以上城市建成区黑臭水体比例将控制在 10% 以内，其他城市力争大幅度消除重度黑臭水体。加快完善城镇污水处理系统，全国所有县城和重点镇具备污水收集处理能力，城市和县城污水处理率分别达到 95% 和 85% 左右，地级及以上城市建成区基本实现污水全收集、全处理。目前，葛洲坝集团在黑臭水体治理、城镇污水处理方面积累了较为完善的技术优势，具有运行费用低、投资少、成熟可靠、抗冲击负荷强等技术特点。在水生植物净化、生态修复、水动力改善等方面经验成熟，能够运用到同类黑臭水体治理与污水处理项目，提升其经济效益与社会效益。公司将继续秉持"改善人民生活、促进社会发展"的社会责任理念，努力走好经济发展与环境改善的双赢之路，为国家环境保护，提高生态文明水平，促进绿色发展贡献央企的智慧与担当。

第五章
中国黄金集团：黄金冶炼企业绿色转型升级实践

中国黄金集团有限公司下属中原冶炼厂采用"富氧底吹造锍捕金"取代氰化提金工艺，解决了传统黄金冶炼企业规模小、产业结构单一、环保风险大、资源利用率低等突出问题；综合回收金、银、铜、硫、镍、硒、碲、铂、钯、铼、铅、铋、铁等十余种元素，通过余热发电、废水综合利用、废气治理等措施，实现节能减排和清洁生产。中原冶炼厂转型升级是黄金冶炼行业的重大技术变革，为黄金冶炼产业升级提供了新途径。

一、责任背景

河南中原黄金冶炼厂有限责任公司（简称中原冶炼厂）是中国黄金集团有限公司旗下最大的黄金冶炼企业，国内知名的黄金冶炼精炼加工企业。企业始建于 1987 年，是国家"七五"重点建设项目，原采用焙烧—氰化生产工艺处理金精矿，生产金锭、银锭和副产品阴极铜、工业硫酸。受生产工艺所限，生产规模难以扩大，产品结构单一，经营风险大，企业发展乏力。同时，随着国内黄金矿山开发规模进一步加大，易处理金精矿逐年减少，黄金冶炼企业原料成分日趋复杂，伴生元素无法回收，生产成本居高不下；加之，氰化提金工艺产生大量的危险固废氰化尾渣，存在较大的环境风险，企业转型升级迫在眉睫。

近年来，随着冶炼、环保及信息技术的发展，以"富氧底吹造锍捕金"工艺为代表的原料适应能力强、生产规模大、金属回收率高、自动化程度高、低能环保的火法冶炼技术迅速发展，为黄金冶炼企业转型升级提供了可靠路径。

二、责任行动

2011 年，中原冶炼厂启动转型升级项目，采用"富氧底吹造锍捕金"工艺取代氰化提金工艺，实施整体搬迁升级改造项目。项目分两期实施，累计投入 102 亿元，其中一期 2015 年6 月投产，二期 2017 年底投产，主要生产流程为：富氧底吹熔池熔炼—旋浮吹炼—回转式阳极炉精炼—永久不锈钢阴极电解—阳极泥精炼提金，熔炼渣选矿，冶炼烟气制酸，并应用行业领先的旋流电积、高浓度二氧化硫转化、低温热能回收、离子液脱硫等先进技术。目前已形成年产冶炼金 35 吨，精炼金 150 吨，冶炼银 350 吨，电解铜 40 万吨，工业硫酸 130 万吨的生产能力，成为亚洲最大的黄金综合回收基地。

项目实现了四个第一：富氧底吹＋旋浮吹炼金铜冶炼工艺世界第一、底吹熔炼炉规格世界第一、金铜综合冶炼黄金产量亚洲第一、单系列冶炼烟气制酸规模世界第一；三个领先：装备及自动化水平国际领先、烟气制酸工艺水平国际领先、资源综合回收、能耗水平及环保指标国际领先。

图5-1 中原冶炼厂熔炼车间

项目从企业内部、产业链、行业和地区三个层面，探索出了一条基于循环经济的黄金冶炼企业转型升级道路。

企业层面，形成了矿产资源综合利用，废弃物资源化再利用，能源循环利用的多梯度循环模式。

产业链层面，一是原料适应性强，大大提高了传统氰化提金工艺处理含碳、含砷等杂质元素的原料回收率，为复杂难采选矿山开发利用提供了出路；二是渣选矿产出的尾渣、水处理产出的石膏渣均为建材行业的优质原料；三是在水处理等工序采用电石渣等其他行业的废弃物，有效利用了资源。

行业及社会层面，通过转型升级，带动了当地黄金冶炼行业转型；通过先进企业的带动，不断提高行业准入门槛，通过淘汰落后产能等措施，提升行业发展水平。

（一）资源综合利用实践

"富氧底吹造锍捕金"工艺是利用铜锍和铜是金、银良好捕集剂的特点，在高温和氧化气氛条件下将金、铜精矿熔化生成以 Cu_2S-FeS 系为主，并溶解少量其他金属硫化物、贵金属等元素及微量脉石成分的多元共熔体。原料中除了金、银、铜、硫外，还含有铅、锌、镍、硒、碲、砷、铼和铂族金属等元素。其中，贵金属最终几乎都富集在金属铜相中，其他元素在熔炼过程中不同程度地被氧化进入气相，或者以氧化物形态进入渣相。

冶炼过程中，铜经过熔炼、吹炼、火法精炼、电解精炼等工序，产出铜含量大于99.9935%的A级电解铜；电解液中的镍经浓缩、结晶产出硫酸镍产品。

铜电解产生的阳极泥经火法冶炼，湿法冶炼，产出金、银、硒、碲、铂、钯等产品。

火法冶炼烟气经净化、干燥、转化和吸收，产出工业硫酸；烟气净化废酸中的铼经富集、蒸发、结晶，产出铼产品。

熔炼炉产生的熔炼渣经选矿回富集回收渣中金、银、铜等元素，浮选尾矿经磁选，产出磁铁粉产品；尾矿销售给水泥厂作为配料。

火法冶炼烟尘经酸浸、置换等工艺，回收烟尘中的铜、金、银以及铅、铋、砷等元素；污水处理中和渣（石膏渣），外销水泥厂作为掺合料。

冶炼环境集烟及制酸尾气脱硫系统采用离子液吸附－解析产生高纯度二氧化硫，用于黄金精炼工艺。

制氧站采用深冷空分制氧工艺，氧气用于火法冶炼等工序，氮气作为仪表动力气源；同时产出液氮、液氩外售。

（二）节能减排与清洁生产实践

1. 节能方面：

一是底吹熔炼富氧空气从炉体底部吹入铜锍层，氧气首先与铜锍进行反应，氧利用率高，可实现自热熔炼，减少燃料消耗；二是旋浮吹炼彻底解决了转炉吹炼的低空污染问题，同时由于炉型密闭，烟气量大大减少，制酸系统实现高浓度二氧化硫转化工艺，装置规模减小，单位能耗大幅降低；三是熔炼和吹炼、制酸转化工序分别配置余热锅炉，产出的高压蒸汽采用抽汽式汽轮发电机组发电，年发电 1.5 亿千瓦时；四是制酸吸收工序采用美国孟莫克低温热回收系统（HRS），回收硫酸吸收过程中的低温余热，产出低压蒸汽，用于离子液脱硫系统、蒸汽型溴化锂吸收式制冷机组、冬季全厂供暖以及电解车间电解液加热、冬季管道伴热等；五是生产流程通过 DCS 在线检测、控制系统，达到自锁、自投、自控等调节功能，自动化程度高，生产过程连续稳定，有效节能降耗；高温引风机等电机大量采用变频调速控制，空压机等设备冷却水系统采用闭式循环利用方式，照明系统采用 LED 节能灯具，减少能源消耗。

图5-2　中原冶炼厂制酸车间

2. 减排方面：

一是"富氧底吹造锍捕金"工艺实现金铜混炼，不使用氰化钠等剧毒物质，不产生氰化渣等危险固废；二是生产废水经硫化、中和、深度处理，根据工艺需求不同，分阶段返回流程使用，水重复利用率达到 97.5%；三是冶炼烟气熔炼、吹炼炉烟气余热锅炉、电收尘除尘后送入制酸工序，采用孟莫克"预转化＋两次转化、两次吸收"制酸工艺，二氧化硫转化率超过 99.99%；含尘废气，设置布袋除尘器处理，含酸废气采用碱液吸收，火法冶炼车间无组织排放用集气罩收集后一并送入环境集烟脱硫系统；环境集烟脱硫剂制酸尾气脱硫采用离子液脱硫工艺，并加装应急碱液吸收、湿式电除尘器等装置，尾气排放二氧化硫小于 100 mg/Nm^3，颗粒物小于 10 mg/Nm^3，远低于国家及地方标准。

三、履责成效

通过上述实践，中原冶炼厂摸索出了一条以资源综合利用、减少污染物排放、节能降耗等为途径的循环经济发展道路，指标比较见下表：

表5-1　中原冶炼厂循环经济指标一览表

项目名称	升级改造前	升级改造后
回收元素品种	金、银、铜、硫	金、银、铜、硫、镍硒、碲、铂、钯、铼铅、铋、铁、砷等
金／银／铜／硫回收率 /%	95/65/90/73	98/96/98/98.5
吨矿处理综合能耗 /kgce·t^{-1}	51	50
铜产品综合能耗 /kgce·t^{-1}	430	276
硫酸产品综合能耗 /kgce·t^{-1}	−59.6	−82
水循环利用率 /%	95	97.6
新水消耗量 /t·t^{-1} 矿	5.4	2.4
余热年发电量 /kwh	0	150000×10^3

中原冶炼厂依靠科技进步，持续提高资源综合利用和清洁生产水平，把"绿水青山就是金山银山"理念作为价值追求，实现经济效益、环境效益和社会效益的和谐统一，引领和带动了黄金冶炼行业走绿色可持续发展的道路。

第六章
北控集团：蓝天碧水绿地让城市生活更美好

北控集团秉持"让城市生活更美好"的责任理念，积极投身绿色环保事业，为蓝天、碧水、绿地贡献北控力量，为建设美丽中国做出突出贡献。十数年来，北控集团将绿色环保作为企业发展的本质责任与核心业务，不断提升企业的"绿色"核心能力，大力发展清洁能源（天然气、液化气、光伏发电等）、污水处理再生利用、水环境综合治理、固废（危废）处理等，奉献了绿色能源、绿色水源、绿色环境，让城市生活更美好。

一、责任背景

生态文明建设是关系中华民族永续发展的根本大计。生态兴则文明兴，生态衰则文明衰。党的十八大以来，开展了一系列根本性、开创性、长远性工作，加快推进生态文明顶层设计和制度体系建设，加强法治建设，建立并实施中央环境保护督察制度，大力推动绿色发展，深入实施大气、水、土壤污染防治三大行动计划，率先发布《中国落实 2030 年可持续发展议程国别方案》，实施《国家应对气候变化规划（2014—2020 年）》，生态环境保护发生历史性、转折性、全局性变化。

二、责任行动

北控集团定位于城市运营服务商，并长期致力于促进城市可持续发展，围绕城市基础设施标准提升、运营管理水平提升等城市新的发展主题，充分发挥在市政综合规划、业务集成、技术创新等方面的综合优势，贯通城市一体化综合运营的产业链，通过发展清洁能源、绿色水务、固废处理等环保产业，为居民奉献更美好的城市环境。

（一）绿色能源·保卫美丽蓝天

清洁燃气

随着人口增长、经济发展以及能源消耗的大幅增加，全球生态环境受到严重挑战，使能源更加绿色和低碳已成为全球能源发展的主要方向。面对能源转型，天然气是目前最经济、最现实、最可行、能为大众接受且基础设施条件良好的清洁能源。

北控集团大力推进天然气的发展和应用，在全国 350 多个城市发展燃气项目，天然气销售总量 356.4 亿立方米，服务天然气用户 3300 万户，覆盖近 2 亿城镇人口，行业规模位居全国第一。在产业上游，积极开拓多元化气源，保障首都天然气稳定供给。2017 年，旗下北京燃气投资俄罗斯石油公司上乔油气项目，2018 年再次签署车用气领域合作及天然气供应框架协议，投资建设唐山 LNG 储罐和天津南港 LNG 应急储备项目，打造资源接收基地，开拓国际气源，提升首都及京津冀地区天然气安全稳定供应能力；在产业中游，不断加强天然气管网建设，在全国投资建设天然气输配管网近 30 万公里，积极推进智慧燃气管网建设，稳步推进《城镇智能燃气网工程技术规范》编制。同时，作为国内首家开展北斗精准服务网建设和应用的燃气企业，将北斗精准定位技术全面应用于北京城市燃气生产运营业务，开展"北斗 + 燃气"的应用规划研究，搭建重要厂站"北斗"通信生态圈，提升燃气智能化水平，实现用气峰值预测可精确至小时、管线维护定位可精确至厘米、天然气检测可精确至十亿分之一级，应用北斗和大数据技术开展泄漏检测，完成高精度检测 5000 公里，有效降低了管网风险；在产业下游，不断扩大天然气在清洁供热、车船用气、分布式能源、农村煤改气等领域的应用范围。

智能耦合的区域综合能源

积极打造以分布式能源为核心的，多能源耦合的综合能源系统，利用智慧能源管理系统实现区域内能源统一调度管理，保障区域"低碳、高效、低成本、可持续"发展。2018 年，北控旗下京仪集团光伏电站累计规模达 230 余兆瓦，光伏发电 3.2 亿千瓦时，实现二氧化碳减排 31.43 万吨；北控清洁能源分布式光伏发电站总装机容量超过 600 兆瓦，主要分布于河南、安徽、山东、江苏及河北等省份。

图6-1　京仪集团光伏发电

（二）绿色水务·守护生命之源

北控集团致力于以可持续的方式满足人们对水资源和良好环境的需求。集团旗下北控水务以"生态型企业"为目标，积极搭建生态平台，结合综合水生态安全格局，对城市及周边区域防洪排涝安全、生态环境保护、景观文旅开发提供生态控制标准和全过程服务与管理，通过构建基于自然的防洪排涝体系、构建分散—集中相结合的污水处理系统、污水充分回用、污水污泥能源回收与资源化利用等，打造良好的区域水生态环境。

污水再生利用

城市高速发展带来污水激增问题。污水处理水平直接影响城市居民的身体健康和城市环境改善。北控水务坚持匠心治水，大力发展污水处理和再生水业务，提高污水再生利用水平，构建和谐水生态。截至 2018 年底，共拥有污水处理厂 771 个，每日设计能力 2068 万吨；拥有再生水厂 25 个，每日设计能力 225 万吨。同时，不断推进创新发展，形成"六中心·六基地"为代表的科技创新研发合作平台，持续推进智慧水务建设，发布"污水厂数字双胞胎"概念版，试点建设"无人值守"智能水厂运管模式。

水环境综合治理

北控集团立足民众实际需求和生态环境系统现状，将河道行洪、调蓄、污水截流、生态修复及人文景观相结合，为民众提供绿色宜居的生活环境，共创美好水环境。2018 年，旗下北控水务新增水环境治理签约投资规模约 176 亿元；市政总院开展水环境综合治理规划设计项目 30 余项，覆盖 7 省 2 市 2 自治区。北控水务研发"河长通"等一体化智慧水环境应用产品，应用 BIM+GIS+ 大数据技术，全方位可视化动态监管，打造集全流域管控一体、全区域联动协作、全市资源共享为一体化的河长工作平台。

（三）固废处理·奉献一片绿地

我国每年生活垃圾产生量在四亿吨以上，城市垃圾如果处理不当，将会给环境和居民健康带来极大危害。北控将固废处理作为集团绿色环保产业的重要组成部分，通过生活垃圾焚烧发电、危险废弃物、医疗废弃物处理等，实现垃圾回收利用，变废为宝，守护绿地，建设和谐的自然生态。

北控集团倡导垃圾无害化处理，北控旗下北京控股收购德国 EEW 固废能源利用公司，搭建 EEW 发展管理合作平台，借鉴世界最先进的技术和管理经验，在装备标准、运营效率、技术水平、排放指标等方面对接国际一流水平，对境内项目进一步优化升级。

图6-2　北控旗下北京控股收购德国EEW固废能源利用公司

三、履责成效

（一）推动农村煤改气进程

北控集团全面落实《2013—2017清洁空气行动计划》，积极推进农村"煤改气"工作，助力"蓝天保卫战"。为北京市PM2.5平均浓度由2013年的89.5微克/立方米降低至2017年11月底的58微克/立方米做出了贡献。北京燃气累计完成锅炉煤改气25241蒸吨、农村煤改气420个村约20万户，"镇镇通"工程实现通气；中国燃气在"2+26"个通道城市的90多个区县实施农村煤改气工程，累计投入资金超150亿元，完成华北地区农村煤改气工程建设150万户，让乡村更美丽。

2018年，亚投行在华首笔投资正式落地北京"煤改气"项目，计划建设覆盖全市范围内约510个村落、连接21.7万余户家庭的天然气输送管网。项目完工并投入使用后，预计每年可为北京减少65万吨标准煤的使用，减少二氧化碳排放量59.57万吨、颗粒物排放量3700吨、二氧化硫排放量1488吨、氮氧化物排放量4442吨。

图6-3 亚投行在华首笔投资正式落地北京"煤改气"项目

（二）保障城市优质供水

北控集团始终坚持为城市美好生活提供优质水源，旗下北控水务连续第八年蝉联"中国水业十大影响力"榜首。2018年，北控水务新增城镇水务签约处理规模576万吨/日，新增供水签约规模169万吨/日，共拥有自来水厂139个，覆盖53个城市，为1900余万人口提供优质水源。

（三）优化升级固废处理能力

北控集团积极整合旗下垃圾焚烧发电项目，打造固废处理业务平台，投资运营循环经济产业园再生能源发电厂项目，持续优化提升固废处理规模和能力。2018年，旗下北京控股先后投产 6 条垃圾焚烧生产线，并新签约陕西西咸新区垃圾焚烧发电项目，总处理能力达到 35000 吨 / 日。

　　未来，北控集团将一如既往地坚持"让城市生活更美好"的责任初心，坚持走绿色、可持续的高质量发展之路，不断拓展绿色环保业务，持续提升绿色环保能力，为蓝天、碧水、绿地，为美丽中国贡献北控力量。

第七章
太原钢铁：全力建设都市型绿色钢厂典范

　　面对日益严峻的环保形势，太原钢铁（集团）有限公司（以下简称"太钢"）牢固树立"绿水青山就是金山银山"的绿色发展理念，持续深化"环保是太钢生存的前提、发展的基础"的认识，把环境保护放在更加突出位置，按照"高于标准、优于城区、融入城市"的原则，注重顶层设计，持续推进清洁生产，加快由企业内部的小循环向社会的大循环转变，奏响了钢厂与城市功能互补、同生共融的和谐乐章。

一、责任背景

　　当前，生态文明观念日益深入人心，走绿色发展之路已经成为钢铁企业的必然选择。作为地处省会城市核心城区的太钢，厂区已经完全被城市所包围，企业生产经营已经深度融入了城市生活的方方面面。某种程度上讲，环保是太钢从事生产经营活动的最低标准，是太钢生存的前提、发展的基础；赢得职工认可、周围居民认可、社会认可应该成为太钢履行环境责任的更高追求。长期以来，太钢坚持把履行好国有企业社会责任作为重要追求，坚定不移走绿色发展道路，全力建设都市型绿色钢厂典范，赢得了各利益相关方的满意。

二、责任行动

　　作为城市钢厂，太钢始终把绿色发展作为公司经营战略的重要环节，注重顶层设计，围绕节约资源和保护环境持续优化产业布局、调整产品结构、变革生产方式，大力推进绿色制造、绿色产品、绿色产业建设，保证了企业全流程清洁生产，走出了一条企业与城市和谐发展的绿色之路。

（一）注重顶层设计，将绿色发展写入战略目标

　　太钢创新绿色发展理念，认为钢厂与所在城市是相互依存的统一体，而不是矛盾体，钢厂可以利用自身的技术和资源促进城市的环保改善，将企业的发展与城市的环境质量改善统一起来。太钢人认为：太钢搬迁出太原市，只搬迁不治理，选择"不污染省城而污染其他区域"的发展途径，不符合生态文明思想，也不是太钢的发展方向和战略选择；太钢必须通过科技攻关，增加环保投入，最大限度地减少污染，实现循环经济和绿色发展，不仅要达到省会城市的环保标准要求，而且要依靠自身的技术和资源优势，促进太原市环境质量的改善。基于这样的

认识，太钢把绿色发展写入战略目标，从战略的高度，明确"环保是太钢生存的前提、发展的基础"。

太钢明确绿色发展的指导思想：以建设绿色生态文明和科学发展为指导，倡导生态、环保、文明、低碳的生产方式，坚持走绿色发展之路，加快推进由企业自身的小循环向社会的大循环转变，建设完整的循环经济产业链，实现企业与城市、社会的和谐共生共长，使太钢成为创造价值、富有责任、备受尊重、绿色和谐的都市型钢厂。

太钢明确提出"1125"绿色发展模式，即树立一个理念（钢厂与城市是和谐发展的"共同体"理念）、确立一个目标（建设冶金行业节能减排和循环经济的示范工厂）、依靠"两个创新"（技术创新和管理创新）、拓展"五大功能"（产品制造、能源转换、废弃物消纳处理、绿色技术输出、绿化美化）。

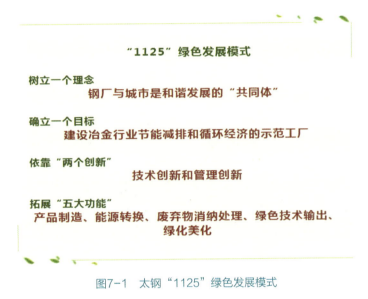

图7-1　太钢"1125"绿色发展模式

太钢形成了公司总体设计、专业部门具体负责、全工序建立管控体系、全方位实施许可管理、配套多维监控、强化考核、重污染应急响应等措施的环保管控模式，即公司层面成立环境保护委员会，组织实施总体设计，按专业成立生产物流、装备厂容、技研升级、宣传教育、环保督查五个专业分委员会，分专业实施管理，同时由环保管理部门和纪检监察部门共同组成督查组实施公司内部环保督查；全系统依托 ISO14001 环境管理体系先进理念，分工序建立体系实施体系管理；按照排污许可管理规定，将所有污染源纳入排污许可管理，建立在线监测、视频监控、专人巡查、手机短信通知的多维监控网络体系；及时公开监测数据信息；同时建立秋冬季重污染天气应急响应机制。形成了一套由点到面、由上至下的大环保管控体系。

（二）持续完善固态、液态、气态废弃物循环经济产业链建设，实现全流程清洁生产

太钢采用世界最先进的循环经济工艺技术，最大限度减少固态、液态、气态污染物排放，实现全流程清洁生产：建立起以粉煤灰、钢渣及高炉水渣综合利用为主的固体废弃物循环经济产业链，以工业废水、生活污水、酸再生为主的液体废弃物循环经济产业链，以焦炉煤气脱硫制酸、烧结烟气脱硫脱硝、余压余热发电为主的气体废弃物循环经济产业链。

　　围绕对固体废弃物的全部综合利用，太钢依靠科技进步，将钢铁生产过程中产生的副产品及固体废弃物（高炉渣、钢渣、除尘灰、尘泥等）100%进行再生利用，一部分回收作为钢铁生产的二次原料，另一部分形成钢渣制品，用作水泥原料、路基材料、建筑材料等。如围绕高炉矿渣的综合利用，建成高炉超细粉项目，将矿渣经过分选、磨细后全部转化为高附加值的超细粉，可年产300万吨超细粉，用于水泥和商品混凝土的生产；围绕高炉热熔渣的综合利用，从日本引进先进技术，投资3.8亿元建设高炉热熔渣制棉项目，利用高炉热熔渣生产矿棉板毡、粒棉；围绕粉煤灰的综合利用，投资建成两条合计年产50万立方米加气砼的生产线、一条10万立方米加气板材生产线、一条2亿块标准砖生产线，将自备电厂产生的粉煤灰全部综合利用；围绕钢渣的综合利用，与美国哈斯科公司成立合资公司，将不锈钢钢渣和碳钢钢渣全部利用，生产钢渣路基、钢渣超细粉、炼钢辅料、农作物肥料等。

图7-2　超细粉生产线

　　围绕液态废弃物的全部综合利用，太钢优化内部组织机构，在工艺改进、强化管理的基础上，以新建项目为综合利用主要措施，实现了液态废弃物100%的综合利用。如在水的综合利用方面，先后建成膜法水处理、焦炉废水处理、中水深度处理系统等新型污水处理工程，实现"补充新水—工业用水—污水处理—替代新水"的水循环利用，工业水重复利用率达到98.2%以上。

图7-3　城市生活污水处理中心

在废酸的综合利用方面，先后建成冷轧废混酸综合利用项目、硅钢厂盐酸再生项目、硫酸钠净化回收等项目，将生产过程中产生的废盐酸、硝酸、氢氟酸全部加以收集，并根据酸的不同情况分类处理，循环使用；在废油综合利用方面，通过与美孚、长城、昆仑等国内外知名企业合作，依靠先进技术的支撑，建设含油废水处理及综合利用项目，对轧钢系统生产过程中所产生的乳化液、浓碱油废水、稀碱油废水进行分质处理并回用。

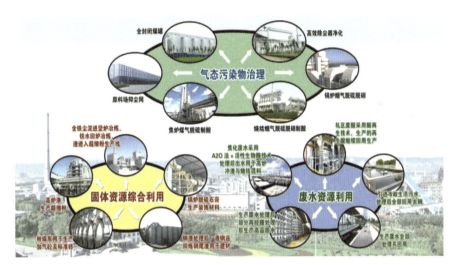

图7-4　太钢固态、液态、气态循环经济发展产业链

围绕气态废弃物的全部综合利用，太钢提出"治理与综合利用相结合，依靠集成创新，提升治理与综合利用水平"的工作思路，实现了预期目标。如在烟气的污染治理问题上，太钢对标一流，综合运用国内外先进技术，研制开发湿法动力波除尘等工艺，重点解决焦化烟气治理、烧结烟气治理等世界性难题，取得了较好的效果；在排放气体的综合利用上，深化与高校、科研机构和设计院的合作，实施连铸连轧转炉煤气回收、烧结烟气余热利用、焦炉干熄焦发电、饱和蒸汽发电、高炉煤气余压发电、高炉干法除尘、高炉煤气联合发电等一大批重大节能技术改造措施，在焦炉煤调湿系统、不锈钢渣处理湿法动力波除尘系统等多项技术上取得了重大突破。

图7-5　太钢焦炉烟气脱硫脱硝装置

（三）服务城市发展，加快由企业内部的小循环向社会的大循环转变

太钢在加快实现废物零排放的同时，利用自身资源为城市居民提供热源、提供煤气，并利用自身污水处理设施处理周边地区生活污水，利用自身技术优势为太原市乃至山西省提供绿色服务。

太钢充分利用余热余能为太原市城区 2150 万平方米居民住宅提供冬季供暖，使该区域的燃煤小锅炉全部得以淘汰。太钢将生产过程中回收的部分煤气并入城市管网，每年为太原市提供市民生活用燃气 4000 万立方米，在节日保供、故障保供、峰谷调节中发挥重要作用，成为城市服务体系中不可或缺的部分。太钢将周边居民的生活污水全部引入厂区，利用自身的污水处理设施对生活污水进行深度处理，每年处理城市生活污水 2000 万吨。太钢组建工程技术公司，将拥有的先进环保技术集成对外输出，帮助同类企业改进工艺和流程，提升绿色发展的水平，烧结烟气的治理、焦化烟气治理技术都成功应用于山西省内的其他企业，除尘技术推广到新疆中泰化学公司。太钢利用原有工业设施，建设工业博物馆，实施"公众开放日"，组织社会居民进厂旅游，先后 10 万余名公众走进十里钢城，切实感受现代工业文明和绿色发展风采。太钢坚持植绿企业，增绿城市，形成了"厂在林中、路在绿中、人在景中"的生态绿色格局，主厂区绿化覆盖率 39.65%，建成了国际一流的生态园林化工厂。太钢参与汾河太原城区段治理美化工程、太原市东西两山近万亩荒山坡地、高速路两边绿化工程以及太原市西山地区综合整治生态绿化工程，建设了城郊森林公园，利用废旧枕木等在修建枕木栈道、石板路、碎石路组成的"原生态步道"。太钢在厂区和周边社区分别建了 37 个和 130 个公共自行车服务点，投放 1 万多辆自行车及配套锁桩，倡导并践行绿色出行方式。

图7-6　绿色太钢

三、履责成效

（一）改善了厂区环境质量，降低了能源消耗，提高了可持续发展能力

2018 年与 2000 年相比，太钢吨钢烟粉尘排放量由 11.35 千克下降到 0.33 千克，吨钢二氧化硫排放量由 8.71 千克下降到 0.24 千克，吨钢化学需氧量由 2.5 千克下降到 0.0246 千克，吨钢综合能耗下降到 540 千克标准煤，吨钢耗新水降低到 3.05 吨，绝大部分指标不仅符合特别排放限值标准，多数指标还大大优于新标准要求，取得了一定的经济效益。

（二）有力支持了太原市环境质量改善，解决了城市环境改善与企业发展之间的矛盾

与 2000 年相比，2018 年太钢钢产量增长 350%，污染物排放总量却下降 93%，包括太钢在内的太原市中心城区秋冬季大气环境质量改善明显。太钢利用回收的生产余热，为太原市城区提供了近 2150 万平方米的供暖热源，使该区域的燃煤小锅炉全部淘汰。太钢每年还处理回用城市居民生活污水近 2000 万立方米，减少太原市 COD 排放 5000 多吨。

太钢不仅为太原市提供就业机会，上交税费，同时也为太原市提供绿色服务，已经与太原市形成了密不可分的共同体。面向未来，太钢将加速推进绿色发展升级版，加快建设更高水平的资源节约型、环境友好型钢厂，在都市型绿色钢厂典范上迈出新的更大步伐！

第八章
台达（中国）：推动创新节能　共创绿色未来

台达创立于 1971 年，为全球客户提供电源管理与散热解决方案，并在多项产品领域居重要地位，包含视讯产品、工业自动化、网络通信产品与可再生能源等相关产品。台达长期关注环境议题，秉持"环保　节能　爱地球"的经营理念，持续开发创新节能产品及解决方案。不断努力提升产品的能源转换效率，以减轻全球变暖对人类生存的冲击。

因应世界各国及企业自主减排趋势，台达结合公司自身的电力电子核心技术能力，通过产品节能、工厂节能及绿色建筑节能等多方面积极实践自主减排承诺，于 2015 年公开响应全球碳信息披露项目（CDP）的"Commit to Action"企业减碳活动，提出"We Mean Business"，承诺三大项目，包括气候变迁信息揭露、影响减碳政策与科学方法减碳，一同面对低碳革命。

一、责任背景

全球气候变迁现象与温室效应影响日益明显，依据巴黎气候大会，中国在国家自主贡献（NDC）中宣示 2030 年每单位 GDP 碳排放比 2005 年下降 60%～65% 总目标，随后国内依据"十二五"规划进行全面深化改革所建立之基础下，积极定下"十三五"规划，推动低碳发展、全面节能及高效能源运用。

台达身为一家长期关注气候变迁与善尽企业社会责任的公司，将气候变迁纳入企业可持续发展的重大风险项目之一，并依"减缓"及"调适"两大方面进行管理。在气候变迁减缓方面，依绿色运营、能源管理、碳信息披露、绿色建筑/绿色厂办推广等重点项目进行管理。同时，台达也积极运用风险地图鉴别风险，建构调适能力，更进一步研析气候变迁机会点，累积与深化研发能量，持续开发绿能、节能产品与解决方案，积极转型为绿色节能解决方案的提供者。

为积极响应"We Mean Business"，企业自主承诺，台达率先以科学化方法订定减碳目标（SBT），制定 2025 年碳密集度下降 56.6% 的目标，并通过科学基础目标倡议组织符合性审查，成为台湾地区第一家、全世界第 87 家通过审核的企业。

二、责任行动

（一）推动产品节能，助客户减碳近 1506 万吨

台达持续投入研发创新，每年将营收的 7% 以上作为研发费用，以期不断提升产品的能源

转换效率，并整合开发节能 / 绿能产品与解决方案，协助客户节省更多的能源并获致更佳的节省成本绩效。以 2010—2018 年由中国大陆、台湾地区和泰国出货的电源供应器、直流风扇、不间断电源系统、电子安定器、变频器、太阳能电池等产品量估算，采用台达高效能产品，可协助客户节省 281 亿度电、减排近 1506 万吨二氧化碳当量。

（二）提供客制化能源解决方案，提升全球竞争力

台达不仅继续维持在 ODM（代加工设计）产业的领先地位，同时积极迈入 DMS（整体解决方案）领域，将台达相关技术产品通过软硬件整合搭配，创造更具节能效益、更舒适便利的整体解决方案。台达能源解决方案自 2012 年起，于全球也协助客户导入解决方案，完成近 739 个能源解决成功案例，为客户节省营运成本的同时，也协助客户提升全球竞争力。台达首座自营大型太阳能发电厂——"台达赤穗节能园区"于 2016 年初完工揭幕，为日本最大等级中采用分布式、特高压太阳能电厂，太阳能光伏发电系统装置容量 4.6 兆瓦。

图8-1 台达首座自营大型太阳能发电厂"台达赤穗节能园区"

（三）推动工厂节能，力行减排措施

2011—2018 年，台达各主要生产网点持续于空调排风系统、空压系统、注塑机、照明系统、崩应 (Burn-in) 能源回收、制程改善及其他七大方面，实施各项节能减排措施。2011—2018 年，累计实施 1846 项节能方案，共节电 2.3 亿度，约相当减少碳排放 18.6 万吨。

运用能源回收系统减碳 251497 吨。台达主要运营网点运用自行开发的能源回收系统（Energy Recycling System，ERS），回收再利用电源产品崩应测试（Burn-in）制程电力，并降低工作区域空调系统热负载。2018 年共回收 11997 千度电（2017 年为 3434 兆瓦时），相较未使用能源回收系统，约相当减排 7878 吨二氧化碳当量。

建置太阳能光伏发电系统，增加 24.35% 绿色电力。台达持续于厂区应用太阳能光伏系统等可再生能源，除 2017 年郴州厂区建置太阳能发电系统外，2018 年吴江厂区及芜湖厂区扩建太阳能发电系统，台湾地区预计 2019 年于法规管制厂区装设 10% 契约容量的可再生能源。2018 年台达主要生产厂区共产生 20.3 百万度绿色电力、购买 88.8 百万度绿色电力再生能

源凭证，台达再生能源比例为 22.2%。相较未使用太阳能光伏发电系统，自发自用约可减少逾 15269 吨二氧化碳当量，购买再生能源凭证将可减碳逾 72837 吨二氧化碳当量，共逾 88106 吨二氧化碳当量。相较 2017 年，自发自用增加 41.43%，加上购买再生能源凭证共增加 659.46% 绿色电力。预计 2019 年，再增加 24% 自发自用的绿色电力。

图8-2   台达吴江厂区光伏发电项目三期工程（进行中）

（四）率先兴建绿色建筑／绿色厂办   节电逾 1783 万度

截至 2018 年，台达于全球共有 27 栋绿色建筑及 2 座绿色数据中心，其中 15 座经认证的绿色建筑厂办，分别位于中国上海、北京、台北、桃园、台南以及印度 (Rudrapur、Gurgaon、Mombai)、美国加州 Fremont 等地。若以中国上海民用大型公共建筑、台湾传统办公大楼或印度商业大楼单位楼地板面积用电量 (EUI，kWh/m^2/year) 为比较基准，2018 年台达全球经认证绿色建筑厂办共可节省用电逾 1783 万度、减排二氧化碳约 11236 吨。台达上海运营中心于 2013 年获得 LEED-NC（新建建筑）黄金级认证，2018 年再取得 LEED-EB(既有建筑改善) 白金级，节电最高可达 36%。

图8-3   台达上海运营中心

（五）推己及人 引领绿色建筑风潮

台达除了从自身做起，2006 年以后的所有新建厂办都按照绿色建筑工法打造，更在全球范围内以多种形式、与多方合作积极推广绿色建筑。推广举措包括：举办"绿筑迹——台达绿色建筑"全球巡展（巴黎、北京、苏州、台北、高雄），出版环保书籍（《跟着台达盖出绿色建筑》），以及与国家可再生能源学会合作，举办"台达杯国际太阳能建筑设计竞赛"等。推广实绩备受各界认可，并荣获 2018 Greenbuild China（国际绿色建筑大会）"绿色先锋奖"肯定。汶川地震后台达集团出资 1000 万元人民币于四川绵阳捐建"杨家镇台达阳光小学"，并以 2009 年"台达杯国际太阳能建筑设计竞赛"一等奖作品为蓝本，打造四川省第一所全校式绿色校园，让绿色建筑的梦想照进现实。

图8-4　汶川地震后台达集团出资捐建的四川绵阳"杨家镇台达阳光小学"

三、履责成效

（一）制订并执行减碳计划，成效卓著获认可

台达继 2014 年生产用电密集度较 2009 年下降 50% 之后，台达承诺扩大节电范围至新设厂区、研发／办公大楼与数据中心，以 2014 年为基准年，在 2020 年前将整体用电密集度再下降 30%，期以具体行动，与全球企业共同面对气候变迁的挑战。

自 2007 年起，台达开始参与碳信息披露项目 (CDP)，并根据世界企业永续发展协会 (WBCSD) 与世界资源研究院 (WRI) 发表之"温室气体盘查议定书"(GHG Protocol)，盘查直接排放（范畴一）与间接排放（范畴二）的温室气体排放量。

（二）管理产品碳足迹，获多项国际认证

台达 2010 年起挑选数项代表性产品进行产品碳足迹研究，共完成笔记本电脑外接电源供应器、直流无刷风扇及太阳能逆变器等产品碳足迹盘查及取得 PAS 2050 认证，并持续不断展

开 PocketCell 行动电源产品自主盘查，自 2016 年起逐年完成高效整流模块 TPS、3900W 与 1200W 交换式电源供应器及电动车车载充电机 ISO 14067—1 产品碳足迹查证，进一步深入绿色与低碳设计。

归纳数项产品生命周期分析结果，"使用阶段"是目前台达核心产品产生环境冲击的最主要阶段，其次是"原物料取得"；长期以来，台达持续不断提升产品能效，减少使用阶段对环境的冲击，2018 年企业社会责任委员会决议，将整合既有国际碳系数数据库至原物料 BOM 表，制定低碳产品的绿色设计规则，更承诺持续不断提高产品能源效率以减少使用阶段碳排。对此，台达正全面进行产线升级，致力推动 DSM（Delta Smart Manufacturing，台达智能制造）计划，打造绿色智能工厂。

图8-5　吴江三厂某产线运用机械手臂自动化生产实况

（三）积极履责备受肯定　收获海内外诸多奖项

近年来，台达的节能减碳及企业社会责任实绩备受国际肯定。自 2011 年起，台达连续八年入选道琼斯可持续发展指数之"世界指数 (DJSI World)"，2016 年与 2017 年国际碳信息披露项目 (Carbon Disclosure Project，CDP) 年度评比，台达从全球超过 5800 家参与 CDP 评比的大型企业中脱颖而出，获得气候变迁"领导等级"评级。

在中国社科院社会责任研究中心发布的《企业社会责任蓝皮书》中，台达已连续四年（2015—2018）位列"中国外资企业 100 强社会责任发展指数"前十强，综合得分达到五星级的水平，属于企业社会责任的卓越引领者。

台达近年来积极进入整合方案领域，同时持续研究如何更有效地使用能源、管理能源，一方面对环保有益，另一方面也积极落实可持续发展。面临全球产业与经济环境的改变，企业必须洞察商机、不断创新，不断地在每一次的产业环境变化之前力图转型，选择有效提升企业整体竞争力，以及做好市场前瞻所需要的产品及服务。台达将继续秉持"环保　节能　爱地球"的经营理念，为社会带来正向影响力，更具体呼应联合国可持续发展目标（SDGs），致力成为国际企业公民，与大家携手共创智能绿生活。

企业扶贫篇

第九章
国家能源集团：聚焦民生发展，助力脱贫攻坚

国家能源集团作为国有重要骨干企业，坚持以习近平总书记关于扶贫工作的重要论述为指导，立足贫困地区资源环境禀赋，立足贫困人口美好生活需要，将开发式扶贫与保障式扶贫相结合，精准扶贫工作取得积极进展，集团定点帮扶和对口支援的山西右玉县、青海刚察县、西藏聂荣县、内蒙古宁城县、陕西米脂县、陕西吴堡县已脱贫摘帽。

一、责任背景

习近平总书记指出："打好精准脱贫攻坚战、实现贫困群众对美好生活的向往，体现了我们党的初心和使命。"国家能源集团作为国有重要骨干企业，不忘初心，牢记使命，坚决打好打赢精准脱贫攻坚战。

按照党中央的统一部署，集团层面共承担 7 个定点扶贫县和 2 个对口支援县帮扶任务，二级公司承担了 16 个省（区、市）约 200 个县（乡、村）的帮扶任务，是承担脱贫攻坚任务最多的中央企业之一。集团定点帮扶和对口支援的多个县位于高寒高海拔藏区，其中，西藏聂荣县平均海拔在 4700 米，青海曲麻莱县平均海拔 4500 米，青海刚察县绝大部分地区海拔在 3300—3800 米，生活条件非常艰苦；5 个县位于"三区三州"地区，贫困程度深，四川布拖县贫困发生率仍高达 20% 以上。

二、责任行动

面对艰巨的任务，国家能源集团坚持以习近平总书记关于扶贫工作的重要论述为根本遵循，通过建立"党组统一领导、总部统筹协调、子分公司主责、挂职干部落实"扶贫工作组织体系，将"精准"二字贯穿于扶贫工作始终，以"兜底线、保民生、促发展"为宗旨，立足贫困地区资源环境禀赋，立足贫困人口美好生活需要，将开发式扶贫与保障式扶贫相结合，为深贫地区赋能，将扶智与扶志相结合，让深贫人口自强，确保到 2020 年，公司定点帮扶和对口支援的贫困县全部脱贫摘帽。2018 年，集团累计投入定点扶贫及对口支援资金 1.75 亿元，同比增加 9441 万元，通过兜底保障、产业扶贫、教育扶贫、健康扶贫和创新帮扶五大手段，共建设精准扶贫项目 39 个，受益人数达 126 万人，有力促进了贫困群众脱贫奔小康。

（一）民生扶贫——铺好致富路

针对贫困群众居住分散，通路、通水、通电难度大，农牧业基础设施建设滞后、公共服务

设施较差等问题，2018 年，国家能源集团在四川普格县捐资 1193.5 万元实施易地扶贫搬迁项目 2 个，为 61 户贫困群众解决住房难；在陕西吴堡县捐资 490 万元安装 3950 套净水器，为 28 个贫困村彻底解决饮水难，投入 40 万元援建弓家山桥涵项目，解决 6 村 1500 余人出行难；在陕西米脂县捐资 400 万元援建杨家沟排洪渠工程，保护了下游农田安全，有效解决了当地村民生计难；积极探索 CIGS 薄膜太阳能光伏科技扶贫，极大缓解了四川阿坝州高原地区农牧民居住条件差、用电难。

图9-1　太阳能路灯工程

（二）产业扶贫——种下摇钱树

国家能源集团结合各县优良畜牧饲养条件和传统特色产业基础，对当地农畜产品和经济作物的生产加工进行重点投入，提升当地产业发展水平和自我造血能力。在内蒙古宁城县捐资 1000 万元援建日光温室大棚项目，使 100 余户贫困家庭获得稳定资产收益。在陕西吴堡县捐资 805 万元扶持手工挂面厂、日光温室、枣园、中药材种植基地等 5 个产业发展项目，带动当地 585 户稳定增收。在陕西米脂县投资 296 万元培育壮大红色旅游产业，带动 125 户 303 名贫困群众脱贫。在山西右玉县无偿援建的两座村级光伏扶贫电站已全部并网发电，为 400 余户建成年电费收入 150 万元的"阳光银行"。

图9-2　援建的蔬菜大棚

图9-3　援建的张家山挂面厂

图9-4　产业扶贫项目

（三）教育扶贫——立好自强根

扶贫先扶志，扶贫必扶智。扶贫地区的发展归根结底要靠贫困群众的内生动力。在四川布拖县、普格县和青海曲麻莱县，累计捐资3350万元援建瓦吉小学、补洛乡中心校等5所学校基础设施，并设立助学帮困基金，满足数千名儿童入学需求；在陕西米脂县捐资400万元新建第六幼儿园，解决县城400名幼儿入园难题；在山西右玉县等5个扶贫县先后举办三期电商培训班，培训22名电商致富带头人、98名优秀基层干部；接收定点扶贫县贫困户和西藏籍大学毕业生42人。

图9-5　捐赠爱心书屋

图9-6 捐建的四川布拖县博作村幼儿园

（四）健康扶贫——强壮奋斗身

公司在四川布拖县投入200万元设立"艾防专项爱心基金"，帮助提升基层艾防服务能力和服务水平，提高艾滋病抗病毒治疗覆盖率和治疗有效率；为布拖县人民医院购置400万元的医疗设备40多台（套），让很多急、危、重症患者能就近得到及时的救治。在西藏聂荣县建设远程诊疗系统和3个乡镇卫生院。在青海刚察县援建县人民医院和县藏医院；在青海曲麻莱县设立"帮困扶贫基金"，帮扶300名因病致贫人员改善健康状况和生活条件。在陕西米脂县开展"救急难"活动帮扶大病家庭，取得良好成效。依托国家能源集团公益基金会，持续在扶贫县开展贫困家庭先天性心脏病、白血病患儿救助，在聂荣、刚察、海晏三县开展在校（园）儿童先心病筛查工作，共筛查儿童约15000名，实现三县学龄儿童先天性心脏病筛查全覆盖。

（五）特色扶贫——增强带动力

在党建扶贫、光伏扶贫、就业扶贫、电商扶贫等方面，国家能源集团也开展了富有成效的创新和拓展。在四川布拖县博作村捐赠15万元专项党费帮助贫困村壮大集体经济，对党员干部及群众进行艰苦创业、脱贫争先教育，博作村荣获四川省农民夜校示范村和州级"四好"村称号。在青海曲麻莱县设立"黄河源生态保护扶贫基金""绿色生态保护扶贫基金"共计1850万元，选聘864名贫困群众担任生态管护员，将生态保护与精准帮扶高度融合。创新运用"互联网＋精准扶贫"模式，组建"能源爱购"和"国能慧采"2个电商平台，通过以购代捐，打通贫困县农牧产品销售渠道，年销售额突破1000万元。与此同时，公司充分发挥34万员工的力量，在2018年10月17日第五个国家扶贫日，举办了全国"扶贫日"员工捐款主题活动，募集资金1209.73万元，形成全系统、聚合力、大格局的扶贫攻坚态势。

三、履责成效

通过精准扶贫五大手段，公司定点扶贫与对口支援的9个县实现了"两降、两升、两增强、五成效"。截至目前，集团定点帮扶和对口支援的山西右玉县、青海刚察县、西藏聂荣县、内蒙古宁城县、陕西米脂县、陕西吴堡县已脱贫摘帽，青海曲麻莱县、四川布拖县和普格县的贫困发生率显著下降。

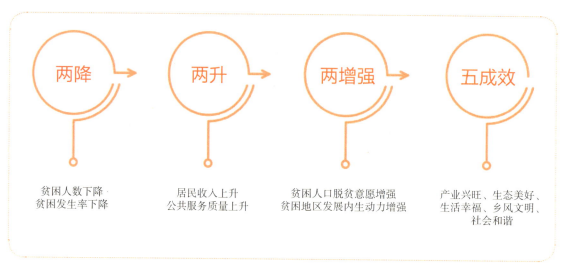

图9-7　履责成效"两降、两升、两增强、五成效"

全面建成小康社会，一个不能少，共同富裕路上，一个不能掉队。时间砥砺信仰，岁月见证初心，肩负着打赢脱贫攻坚战的重任，奋斗着人民美好幸福生活的向往，国家能源集团将继续不放松、不停顿、不懈怠，把稳舵、加满油、鼓足劲，为构筑全社会扶贫大格局添薪蓄力，为实现中华民族伟大复兴奔跑追梦。

第十章
中国旅游集团：“教育 + 产业”一体两翼精准扶贫

中国旅游集团承担在贵州、云南两省五县（市）定点扶贫工作。在工作实践中逐渐摸索出了“教育 + 产业”一体两翼精准扶贫开发工作模式，积极发挥旅游央企产业优势，盘活扶贫点产业优势资源，创新教育与兜底帮扶方式，动员社会力量，全力推进脱贫攻坚。

一、责任背景

中国旅游集团深入学习贯彻党的十八大、十九大会议精神和习近平新时代中国特色社会主义思想，严格落实以习近平同志为核心的党中央关于坚持大扶贫格局，确保到 2020 年我国现行标准下农村贫困人口实现脱贫，贫困县全部摘帽的工作要求，从 2002 年开始，陆续定点帮扶贵州黎平，云南西盟、孟连、香格里拉、德钦 5 个接受国务院扶贫开发领导小组年度考核的贫困点。经上级单位协调，集团另结对帮扶四川雷波、马边 2 个帮扶点。目前，集团在贵州、云南、四川 3 省 7 县市开展帮扶工作，“教育 + 产业”一体两翼精准扶贫开发工作模式在部分扶贫点取得了较为明显的经济效益和社会效益。

二、责任行动

（一）扶贫组织

中国旅游集团全面加强党对脱贫攻坚工作的领导。2018 年，集团对脱贫攻坚工作领导小组组织架构进行调整，新的领导小组由集团党委书记、董事长万敏同志任组长，党委副书记、总经理杜江任副组长，经营班子全体人员任领导小组成员。集团脱贫攻坚和社会责任工作归口部门由办公厅调整到党群工作部，继续安排专岗专人开展工作。集团扶贫办设在党群工作部，党委副书记、董事傅卓洋兼任扶贫办主任，下属公司主要领导任扶贫办成员。

根据党中央、国务院《打赢脱贫攻坚战三年行动的指导意见》要求，集团编制发布《打赢脱贫攻坚战三年行动计划（2018—2020）》，从旅游主业、特色农业、电商产业、教育扶志、兜底保障、完善机制 6 个方面强化精准扶贫的具体举措。集团每年制订扶贫工作年度计划，报脱贫攻坚工作领导小组审定后实施。

集团形成“一年两看、两验”扶贫调研机制。2018 年，党委班子赴扶贫点调研考察共 6 次，其中党委书记、董事长万敏带队赴贵州黎平调研 1 次，党委委员、纪委书记、董事古越仁带队赴贵州黎平，云南西盟、孟连、德钦、香格里拉 5 个扶贫点各调研 1 次。集团扶贫办或下属企业另组织 5 次考察调研。集团 2018 年全年扶贫考察调研共 84 人次，总部召开定点扶贫专题党委会、工作会共 6 次。

（二）扶贫实践

发挥旅游央企产业优势

旅游目的地推介计划：集团扶贫办 2018 年制作发行"三区三州"深度贫困点香格里拉、德钦《旅游扶贫特刊 2》，从历史、文化、景观、人文等角度刻画乡村振兴战略和国家扶贫政策给当地群众生活带来的重要变化。特刊推出后，扶贫办和集团下属旅行社共同策划打造大香格里拉"时光之礼"旅游扶贫主题线路，并在集团全球 2200 多家旅行分社及官网、APP、微信客户端同步上市销售。"时光之礼"旅游扶贫线路入选社科院《中国企业社会责任年鉴 2018》"十大公益项目"，"线上推文 3"在全网更创下 137.8 万次阅读量，多家旅游行业媒体进行了转发和报道。该线路产品 2018 年实现销售 3545 万元，向大香格里拉地区输送游客 10234 人次，成为集团拓展旅游扶贫模式的全新尝试。

图10-1　《旅行家》杂志推介迪庆州专刊封面

"美丽乡村"休闲旅游项目：集团与中国扶贫基金会、贵州黎平县政府共同打造黄岗村"美丽乡村"精品民宿项目，发力旅游主业扶贫。项目建设周期约 3 年，集团配套资金预计为人民币 1000 万元。目前项目进入第二年建设阶段，集团已完成拨付项目资金 700 万元。项目建成后，将全面提升黄岗村容村貌，通过旅游住宿、餐饮和侗族文化体验提高黎平旅游目的地吸引力，带动提高当地旅游经济收入。

直过民族旅游文化扶贫项目：集团投入资金 230 万元作为云南西盟《阿佤人民再唱新歌》歌舞史诗节目出品单位，协助节目编排与宣传推广工作。项目通过西盟民族文化工作队招聘近百名佤族男女青年从事舞蹈编排，从人文关怀、职业技能、收入待遇等方面加强对当地直过民族人员重点帮扶。项目以文化演艺产品为抓手，着力提升西盟旅游目的地知名度，为集团探索文化旅游扶贫开展提供了宝贵的经验。

打造旅游扶贫节庆活动 IP：集团坚决响应党中央号召，助力四川大小凉山深度贫困地区旅游产业发展。2018 年 5 月，集团在下属深圳锦绣中华景区举办"大小凉山彝族文化风情周"活动，邀请 60 多家粤港澳大湾区企业参会，搭建招商引资平台推介四川马边、雷波两地文化、旅游资源；8 月，集团和马边县政府联合举办"乐山·马边彝族风情狂欢节暨第三届小凉山火把节"活动，协调四川省内旅行社同业，组织千名游客游马边，带旺当地旅游人气，打造旅游扶贫节庆活动 IP。

特色产业帮扶

产业基地建设：集团与贵州黎平当地企业合作建立"茶产业扶贫项目基地"，以生产优质白茶为切入点，打造带有黎平特色的茶产业品牌，帮助建立销售渠道，打造先富帮后富的"能人"经济模式。目前，项目基地出产的茶叶产品已获得国家质检总局的有机产品认证，其中白茶类产品获得欧盟有机食品 128 项认证，符合欧盟有机食品标准。

电商产业扶贫：集团 2018 年引入中国扶贫基金会"善品公社"电商企业，预计 3 年投入 600 万元在云南西盟、德钦 2 县试点推进电商产业。项目以建立合作社锁定建档立卡户脱贫方式，帮助贫困户从种植源头、生产端进行质量把控，加强品牌建设和销售渠道引入，建立完善的合作社利益分享机制和透明可控的资金投放机制，为当地现代农产业发展赋能。2018 年，项目基地首产西盟普洱茶 16550 饼、德钦高山野生蜂蜜 2150 瓶，产销货值达 241.2 万元。

参与组建央企扶贫产业基金：集团参与组建"中央企业贫困地区产业投资基金"工作，承担企业社会责任，助力央企扶贫资金联盟工作建设。目前集团已完成出资人民币 5000 万元，加入基金第二期组建工作。

教育扶志和促进就业

均衡教育资源：集团推出"希望之星"教育帮扶品牌，设立启动"希望之星自强班"捐资助学计划，举办深度贫困地区学生"游学看世界"活动，助力扶贫点均衡教育资源，阻断贫困代际传递。十八大以来，集团已投入资金 1122.7 万元，在扶贫点开办了 3 届 7 个共 210 人规模的"希望之星自强班"、捐建 39 间共 1900 台规模的"希望之星电脑室"。2018 年，集团投入 380 万元，率先在云南孟连所有中小学校完成电脑室项目建设，使孟连成为首个"希望之星"项目全覆盖的试点县。

人才培训：集团加强扶贫点人才培训交流力度，2018 年投入 81.4 万元，开办 10 期旅游行业专题培训班，并针对西盟、孟连 2 个电商扶贫试点县，专门在当地举办了"互联网 + 扶贫"技术人员培训活动。集团扶贫点及扶贫点所在州市共 434 名基层干部和技术人员参加了相关培训。培训通过邀请相关专家解读政策、分享产业发展趋势及技术经验，帮助受训人员开阔眼界，激发自我学习成长的内生动力。

推动就业帮扶：集团 2018 年在深度贫困点组织"就业帮扶、真情相助"大型专场招聘会，协调下属景区、酒店、旅行社、地产等 6 家企业参与，提供近 300 个一线服务及行政后勤全职、实习岗位，及时发布宣传招聘信息，为扶贫点人员外出务工、拓宽就业帮扶渠道提供协助。

兜底保障

"同舟工程救急难"项目：作为项目试点单位，集团 2018 年拨付人民币 50 万元联合扶贫点民政部门制订救助审批机制和行动实施方案。除积极完成贵州黎平作为项目试点县的工作，集团还主动在其他 4 个扶贫点启动"救急难"项目，实现了集团 5 个扶贫点"救急难"全覆盖。

"五有"和救灾保障：按照实事求是、社会保障兜底一批的工作原则，集团 2018 年捐资 314.89 万元，及时参与云南香格里拉、德钦白格堰塞湖洪水泄流和暴雨山体滑坡的灾后重建工作，帮助解决云南孟连贫困村民"五净五有一规范"生活物资购置问题，支持外交部"大爱无国界"国际义卖活动，加强扶贫点房屋、道路出行、公共文化及卫生等项目的跟踪建设。

动员社会力量参与、宣传推广典型

集团重视定点扶贫外宣工作，连续 8 年发布《企业社会责任报告》，在官网、微信公众号开设"定点扶贫"专栏。集团扶贫工作多次受到国内主流媒体关注，2018 年 8 月，国家级扶贫刊物《中国扶贫》以"依靠好风景，打造好'钱景'——中国旅游集团以三大抓手开拓旅游扶贫新深度"为题对集团进行了专题报道，这是国家级扶贫刊物首次报道集团定点扶贫工作。《中国报道》杂志以"中国旅游集团以旅游扶贫破解'美丽贫困'"为题在 2018"国家扶贫日"三版报道集团旅游扶贫工作，获得良好的社会反响。

集团动员社会力量参与扶贫，沟通中宣部"脱贫攻坚战星光行动"公益项目走进香格里拉市。联络香格里拉与星光明星结对帮扶，协调"脱贫攻坚战星光行动"百名电影明星共同推介香格里拉，帮助开通京东香格里拉星光产品扶贫馆，等等。集团积极协调中国扶贫基金会"筑巢行动"公益项目 2018 年落地贵州黎平，援建学生宿舍楼改善贫困地区学童住宿难等问题。

三、履责成效

中国旅游集团 2018 年全年累计投入 1974.33 万元，较上年提高 78.41%，其中总部帮扶资金 1669.29 万元，下属单位和员工捐款、物资折款 305.04 万元；引进帮扶资金 859.92 万元；培训基层干部 310 名，培训技术人员 124 名。集团向定点扶贫县引入一汽、善品公社电商等帮扶企业，举办专场招聘活动，发挥"能人"经济培育创业致富带头人，吸纳贫困人口就业增收。集团开展消费扶贫，2018 年完成购买贫困地区农产品 100.36 万元，帮助销售贫困地区农产品 162.76 万元。

集团重视挂职干部选派工作，2018 年共有 8 名干部在扶贫点挂职，协助当地开展脱贫攻坚工作。集团加强与上级单位、扶贫点及挂职干部多方沟通交流，定期报送扶贫工作情况报告，动员企业员工助力脱贫攻坚工作开展。

第十一章
中国节能：实施"五大扶贫工程"放飞美丽与希望

中国节能环保集团有限公司（简称中国节能）认真学习、深刻领会习近平总书记关于扶贫工作的重要论述，坚决落实党中央、国务院关于打赢脱贫攻坚战的各项决策部署，以贫困地区群众对美好生活的向往作为奋斗目标，始终聚焦"两不愁三保障"，切实增强责任感、使命感、紧迫感，坚持"三个结合"把扶贫工作做深做细、做实做活、做精做准。2018 年，中国节能向两个定点扶贫县直接投入扶贫资金 580 万元。

一、责任背景

党的十八大以来，中国不断刷新的减贫成绩单让世界惊叹，中国延续了几千年的贫困难题，也进入了决战决胜的倒计时，正是最吃劲的时候。中国节能作为打赢脱贫攻坚战的主力军，以奔跑奋斗宣示着"不获全胜、决不收兵"的决心，吹响着"尽锐出战、迎难而上，真抓实干、精准施策，确保脱贫攻坚任务如期完成"的号角。

二、责任行动

（一）定点扶贫

"乡村亮化 - 扶志"工程

实施"乡村亮化 - 扶志"工程，为嵩县和富川安装太阳能路灯 346 盏，建设文化广场和垃圾池，开展人居环境整治；开展"抓党建、促脱贫"活动，在嵩县石场村和石板沟搬迁点建设党建文化广场，让贫困地区的群众燃起脱贫希望之火。

"教育助学 - 扶智"工程

把每年 6 月作为中国节能扶贫助学捐赠发起月，每年 8 月在嵩县举行"圆梦大学 放飞希望"公益助学捐赠仪式，已连续 5 年共资助 250 万元、500 多嵩县贫困家庭学生圆梦大学；开展"春苗扶助计划"活动，为嵩县石场村和富川新石村 150 余名学生定制校服；组织富川 14 名贫困学生开展"逐梦首都行"夏令营活动；与河南嵩县石场村和广西富川县新石村贫困孩子"结对子"，首批结成 20 对，共募集爱心捐款 95240 元、图书 1285 本、衣物 1326 件、文具 913 件。

图11-1　安装太阳能光伏发电节能路灯

图11-2　关心贫困地区儿童教育

图11-3　"逐梦首都行"夏令营活动

"山区甘露－解难"工程

在嵩县石板沟村和富川新石村开凿水井，解决近2000人的饮用水问题，为300余亩农田提供灌溉用水，不仅为旅游业、养殖业和种植业的发展奠定了基础，还为当地群众建设家庭宾馆、绿色蔬菜和水果基地提供便利。

图11-4　在富川县实施安全饮水工程

图11-5　修建饮水工程

"产业扶贫－造血"工程

为打造河南嵩县石场村乡村旅游品牌，先后完成游客服务中心、景区山门、生态步道、石头部落文化博物馆等项目建设，帮助石场村从贫困村发展为国家3A级景区；在石场村建立连翘产业基地，成立以中药材种植产业为主的合作社；积极协调创建富川新石村委扶贫产业就业基地，协助村合作社流转土地 85 亩发展产业种植。与此同时，中国节能利用国珍 APP 优选平台优势，探索建立"体验店＋互联网"模式销售定点帮扶地区的农特产品，积极开展消费扶贫。

图11-6　为嵩县石场村打造旅游农副产品笨鸡蛋

"重点项目－辐射"工程

利用集团自身技术和资金优势，结合当地的资源优势，培植和建设县域经济大项目，用项目带动贫困地区县域经济的发展。出资 10 万元改造修缮新石村扶贫车间用房，成功引进价值 200 万元数据线生产设备，项目带动效应逐步形成。此外，拟投资 16 亿元建设嵩县静脉产业园，提升城市发展品质和城市整体形象。计划投资 7 亿元，在嵩县九皋镇建设风力发电场，为嵩县经济建设提供清洁能源，并实现荒山、荒坡和闲置屋顶利用，带动贫困户脱贫。

（二）援疆援青援藏

截至 2018 年年底，中国节能充分发挥自身节能环保主业优势，在新疆、青海建设新能源和清洁能源项目 18 个，项目总投资 110 亿元，为地方提供就业岗位 400 余个，助推贫困地区经济社会发展。

援疆

中国节能通过建设风电、光伏发电等项目，为当地提供稳定的电力供应。中节能风电公司哈密景峡第三风

图11-7　新疆乌鲁木齐托里风电场项目

电场 B 区 20 万千瓦风电项目于 2018 年底实现并网发电，是风电公司在哈密市的第二个风电项目，每年可提供上网电量为 50526 万千瓦时的绿色清洁能源，减少碳排放约 33 万吨 46743.9 万千瓦时。同时，中国节能以项目建设为契机，积极带动周边群众就业，2017-2018 年新招收少数民族员工 38 人。

援青

中国节能主动对接当地产业，大力建设风力和太阳能发电项目，注重为驻地培养人才，积极投身公益事业。

2016—2018 年，中国节能共提供无偿援助资金 11 万元，帮助当地劳动力转移就业 25 人。风力公司积极赞助第五届"中节能风电杯"德令哈幼儿园"六一"亲子徒步活动；开展"为了明天 – 关爱工程进校园"活动，捐赠图书 300 套；向德令哈市河东街道办事处阳光村、尕海镇富源村的祁海量等 3 名贫困大学生捐助 6000 元。

图11-8 青海德令哈风电场

图11-9 第五届"中节能风电杯"德令哈幼儿园
"六一"亲子徒步活动

援甘肃藏区

风电公司在甘肃天祝县总投资 4.43 亿元，持续抓好营盘风场 5 万千瓦风电项目，2017-2018 年上网电量达 22568.92 万千瓦时，减少碳排放约 9.6 万吨，有力推动了当地经济社会发展。中地集团兰州有色冶金设计研究院先后投入资金 3 万余元，帮扶通渭县南岔村、朱川村和张川村、改善联系村基础设施建设；捐赠电脑 4 台、打印机 1 台，改善联系村办公环境。

图11-10 我国首个千万千瓦风电基地启动项目——甘肃酒泉风电项目

（三）基层扶贫

除集团层面开展的扶贫工作外，中国节能下属多个单位积极响应当地政府号召，开展地方精准扶贫工作，为打赢脱贫攻坚战贡献力量。

在陕西，中国启源协助举办茶叶、香菇种植培训班，四年累计投入资金近30万，有效提升了村民收入。投入4万元帮助安康市紫阳县蒿坪镇双胜村修建饮水蓄水池1座，解决近200户村民饮水困难问题；捐赠电脑2台，大型打印机1台等办公用品，改善村办公环境；投入3.5万元帮助建设村便民服务中心。

在天津，天津公司投入30万元帮扶宝坻区郝各庄镇东田五庄村更换路灯300余盏；落实"万名党员联万户"工作要求，自费购买慰问品到家中走访慰问送去温暖。

在河北，秦皇岛公司帮扶丰宁满族自治县黄旗镇石栅子村30户贫困户获得5000元毛驴养殖扶持资金；出资5.5万元硬化村内路面380平方米，打机井一眼；完成577亩种植合同签订，直接带动47户贫困户增收；完成危房改造15户和小黑屋治理6户；走访慰问贫困户135户，送去价值1.51万元的慰问品。承德公司帮扶承德县大营子乡八挂岭村争取扶贫资金26.8万元；帮助村民销售家富产品合计2.3万元。出资2.57万元建设垃圾收集池7座，在村口主要道路旁建设村标一座，实现了村民多年的愿望。

在江西，江西公司投入资金10万元帮扶瑞昌市花园乡南山村开展点亮乡村等民生工程；完成南山村第一个自然村道路路灯建设任务；对村里的旧损桥梁进行修缮、重建；建立"扶贫车间"，安置贫困户20人就业；投入资金30万元建立吴茱萸种植园200余亩，促进就业增收。四冶公司投入8.57万元支持贵溪市志光镇湖石村、志光村、柏山村打赢脱贫攻坚战。

在新疆维吾尔自治区，太阳能公司定点帮扶三个贫困村、一户贫困户，投入资金6万余元。定期走访、慰问贫困户，为他们送去米面油、水果牛奶等慰问品，帮助他们购买绵羊、奶牛等生产物资，为村民修建羊圈、改造安装橱柜、院内铺设水泥地坪等。

三、履责成效

2018年，中国节能向两个定点扶贫县直接投入扶贫资金580万元，向嵩县和富川各选派1名挂职副县长和1名驻贫困村第一书记，脱产驻县驻村开展帮扶工作；引进民营企业、慈善机构等无偿帮扶资金共计352.4万元；为两个县培训基层干部54名、技术人员36名；购买定点扶贫县农产品31万元，帮助销售农产品55万元，并帮助非定点帮扶的其他贫困地区销售农产品83万元。

富川通过贺州市初核，接受广西壮族自治区"四核一"核验，30个贫困村4185户18013贫困人口脱贫摘帽，贫困发生率降至2.42%，中国节能重点帮扶村191名贫困人口脱贫摘帽，全村贫困发生率降至2.48%，实现整村脱贫。

嵩县脱贫6605户24737人，贫困发生率降至3.65%，中国节能重点帮扶的石场村已脱贫108户446人，剩余贫困户14户20人，贫困发生率降至1.3%。计划2019年年底完成40个贫困村退出、1.9万人脱贫，贫困发生率降至2%，实现全县脱贫摘帽。

第十二章
中国三星：分享经营成果，创新产业扶贫

　　三星（中国）投资有限公司作为一家外商独资企业，在坚持科技创新积极经营的同时，数十年认真履行企业社会责任。在"分享经营"理念下持续开展社会公益活动，积极回馈中国社会，将经营成果与身边困难的人们共同分享，为他们带去梦想和希望。二十多年来，三星在教育支援、医疗健康帮扶、青少年科普创新、环境保护、社会帮扶等领域积极履责。截至 2018 年，三星连续六年获得中国社科院企业社会责任排名外企第一位。2015 年，三星启动"分享村庄"产业扶贫项目，为中国脱贫攻坚贡献力量。

一、责任背景

　　1992 年三星开始在华业务，二十多年来广泛参与社会公益事业，积极履行企业社会责任。2015 年，三星基于扶贫领域多年履责经验，经过深入调研，拟定"分享村庄"产业扶贫计划，并在河北涞水南峪村启动实施。2018 年三星根据政府重大关切、社会认同程度、企业力所能及等因素，确定了未来三年（2018—2020）的公益战略，即"精准扶贫 + 科普创新"。三星聚焦三区三州和集中连片深度贫困地区，三年投入 1.5 亿元专项扶贫款，重点打造 10 个旅游示范村和农产品基地；并在甘肃省临夏自治州的 4 个特困县改扩建 18 所农村小学；在四川凉山、云南怒江、甘肃临夏三州地区实施 3000 例先天性视障儿童免费复明手术。中国三星将持续开展以产业扶贫为主，包括助残、扶智一体化的扶贫履责社会公益活动。

　　一是产业扶贫。基于"分享村庄"理念，利用高端民宿旅游、农产品电商等产业手段，通过合作社搭建及资源分享，实现村庄真脱贫、不返贫。在河北保定南峪村和陕西富平十二盘村，三星成功地进行了产业扶贫，并将模式推广复制到全国十个扶贫村。累计投资近 1 亿元。

　　二是教育扶贫。自 2004 年起，累计投资 2.5 亿元，用于希望小学建设（共计 168 所）、教师培训、STEM 教育、职业培训等项目，提升贫困地区教育水平，为广大青少年提供知识改变命运的机会。

　　三是健康扶贫。2004 年起三星启动"集善·三星爱之光复明手术"项目。截至 2018 年，已累计完成 20650 例免费复明手术。自 2010 年起，三星将健康扶助范围扩大到视觉、听觉、智力、肢体全方位助残，运营启能行动。该项目已对 10 省范围内的 17 所特教学校实施了包括无障碍改扩新建、配置教学设备、援建康复训练教室、特教教师培训、学生宿舍环境改善、发放奖学金等内容的资助。

二、责任行动

（一）理念与目标

2015 年，三星引入"三星分享村庄"的产业扶贫理念，在河北省开始扶贫领域的创新行动。"三星分享村庄"项目搭建贫困乡村和外部旅游市场的联结平台，发现贫困村价值，创造以乡村景色为基础、全新休闲文化为导向的旅游新经济。通过对合作社和村民"赋能"，建立自治组织合作社，实现村民共同富裕，达到脱贫及可持续发展。

（二）项目受众

经过半年多的海选、调研、评审，最终涞水县南峪村从 22 个候选村中脱颖而出，获得三星投资。2015 年，南峪村人均年收入 2000 元左右，全村有 224 户 656 人，其中贫困户 59 户，贫困人口 103 人。贫困户占比 26%。南峪村距北京两小时车程，周围分布着野三坡、百里峡、十渡、千佛山等自然景观，但拒马河等交通问题影响了南峪村和外界的沟通，且村里民房破败、道路坑洼，无法吸引游客。对岸村庄趁着乡村旅游大潮，家家开起百元农家乐，脱贫致富。如何让南峪摆脱低档农家乐的同质化竞争，真正走向乡村振兴道路？三星与各界专家们决定走高端民宿路线，并据此搭建项目运营架构。

（三）项目运营

项目周期为 3 年，三星投入 1500 万元，政府提供配套投资。项目运营主要包括选村、合作社搭建、民宿建设、民宿运营几大板块。在所有环节设置竞争机制，保证项目的公平及参与者的积极性，项目可持续发展。

选村：

PK 机制，激发村民的脱贫动力和积极性，这是项目成功的关键因素。

根据国扶办的标准划定在河北贫困村内，设置了 3 轮考察评审和 1 轮包括现场答辩的终极 PK。最终河北涞水南峪村在申报的 5 个县 22 个村中最终获得了机会。

合作社搭建：

建立农宅旅游专业合作社，通过制度规范和定股确权，引导村民合作和自我管理，实现稳定脱贫，是扶贫模式中的一大亮点。通过搭建平台，注入商业资源搭建村庄经济合作社，逐渐把村庄分散的资源整合起来发展，运用市场化的方式提高农民议价资本，让农户拥有工资性收入、经营性收入和资产性收入。

合作社开创性地确立"一个基本、三个原则"的收益分配方式，"一个基本"是指全体村民共享，每人都有"人头股"；"三个原则"是"多投多得、多劳多得和帮扶贫困"的原则。

合作社收益 50% 用于全体村民分红；30% 用于合作社发展基金；10% 用于乡村公共事业或帮扶弱势群体；最后的 10% 作为公益传导基金，捐赠给扶贫基金会用于帮扶其他乡村。

南峪农宅旅游农民专业合作社五户联助构架表

图12-1　农民专业合作社五户联助架构

民宿建设：

民宿设计对原有村里的废弃老房屋进行改造，修旧如旧。保留原有农舍建筑及院落围合的外观肌理和空间关系，使小院融入村庄脉络，让客人真正深入乡村，体味乡村原本的味道。

内部装饰采用北欧现代简约风格的产品，强调设计的当代性及舒适度。自然轻松的调性可以很好地融入农村的大环境中，同时避免过于厚重或是符号化强烈的家具对窗外的景色形成干扰，使人在原生态的乡村景致中放松心情，享受度假。

民宿运营：

打造品牌"麻麻花的山坡"，聘请专业的民宿运营团队进行运营和管理。

优先使用村里劳动力。村民参与"民宿管家"等实际工作，不仅得到收入，而且通过工作得到尊重和认可，改变意识。

运营中举行环保、文化等活动，让整个村子的精神风貌得到提升。

图12-2　民宿运营成效

（四）效果及推广

南峪村作为三星"分享村庄"产业扶贫的发源地，除了本村脱贫致富外，还肩负了示范村培训基地的作用。三星以南峪村作为培训基地，将"分享村庄"的模式，复制推广到三星的其他扶贫村。通过总结梳理，三星对"分享经营"及"分享村庄"有了更深刻的解析及发展运用。

"三星分享村庄"即通过"选村精准、项目精准、资金精准、效果精准"的模式，实现"村庄的五个分享"：分享好的居住环境、分享村庄资源、分享村庄发展机会、分享村庄发展成果、分享村庄发展模式和经验。

"分享"是三星扶贫的"内核"。"分享经营"是三星的重要经营理念，是将经营成果与社会共同分享，为人们带去梦想和希望。基于"分享经营"的理念，三星开创了"三星分享村庄"项目，旨在通过产业扶贫手段精准扶贫。通过对贫困村的产业定位与规划、村庄基础设施建设、村民合作组织建设、村庄产业建设发展及村庄公共服务五方面的扶助，助力其早脱贫、真脱贫、不返贫。成功脱贫的示范村将成为脱贫内核，助力星火燎原。

"三星分享村庄"既有南峪村"麻麻花的山坡"项目作为星星之火，也必然会在三星的推动下，覆盖更多的贫困村实现星火燎原。2018 年起 10 个新的旅游示范村和农产品基地村已经选定，并进入实施阶段，预计 2020 年全部完成建设及开始营业。

其中旅游示范村有贵州省雷山县白岩村、陕西扶风县农林村、陕西柞水县车家河村、陕西蓝田县下杨寨村、四川广安区干埝村。农产品基地有广西田东县联合村的芒果、四川盐源县树子洼村的苹果、吉林舒兰双河村的大米、新疆喀什巴什喀其村的干果以及陕西富平县湾里村的柿饼。

发扬分享理念，积极培养脱贫"带头人"。南峪村 2017 年吸引了河北省 69 个县的访问学习，2018 年起以培训基地的定位，吸引了全国扶贫村带头人的访问学习，全力配合国务院扶贫办的东西部能人培训计划。2019 年，三星更是计划带领贫困村的扶贫带头人走出国门，到韩国进行交流，吸收"韩国新村运动"的成功经验，开阔眼界。

三、履责成效

2018 年末南峪村成功脱贫，村民平均收入达到 7200 元。2018 年全年民宿营业额两百余万元，其中 50 余万元的红利按照股份比例分给了全村村民。每人分得 700 元红利，贫困户 1400 元。参与民宿管理和服务工作的村民除了分红，每月还可以挣 3000—4000 元工资和奖金。

2015 年三星项目在南峪村开始建设，2017 年 6 月营业。截至 2017 年年底，南峪村人均收入增加到 3450 元，增长近一倍，贫困人数下降 80%。2018 年全年接待游客 1 万人次。

到目前为止，70 多名外出务工青壮年劳动力中，已有 25 人回到村里，加入合作社。村容村貌整洁干净，生活环境提升。

南峪村的扶贫成果已成为一种模式被广泛关注及推广。2017 年，时任副总理的汪洋同志视察了南峪村，河北全省扶贫干部访问南峪村学习。2018 年全国扶贫领域近 300 名各级干部访问南峪村学习经验，包括海外亚非拉 7 国农业部长的访问团也到南峪取经。"麻麻花的山坡"这一品牌承载的不只是简单的脱贫任务，它更是着眼于打赢脱贫攻坚战后，继续落实乡村振兴战略的强有力的保障。可以留住乡愁，传承乡土文化。

图12-3　扶贫成果展示

第十三章　方正集团：发挥多元经营特色，以科技、医疗、金融等"组合拳"助力扶贫攻坚

方正集团积极发挥 IT、医疗、金融、地产等多元化产业优势，形成了涵盖"科技＋扶贫""医疗＋扶贫""金融＋扶贫""资源＋扶贫"及"产业 A+B"的"产业＋"组合拳精准扶贫新模式，开展全方位的扶贫，成为国内扶贫方式最丰富、形式最灵活的国企 / 校企之一，聚焦产业扶贫、教育扶贫、健康扶贫 3 大领域，贯彻 1+1>2 效益最大化的思路，在全国数十个县市探索出一条既发挥企业优势又符合受助地区实际需求的长效扶贫之路，获得了国务院扶贫办"企业扶贫 50 佳案例"等荣誉。

一、责任背景

扶贫攻坚是方正集团义不容辞的责任。党的十八大以来，习近平总书记在不同场合多次强调了扶贫工作的重要性，把脱贫攻坚工作摆在了治国理政的突出位置；党的十九大后，脱贫攻坚工作更列入了全面建成小康社会的三大攻坚战之一。作为一家国企 / 校企，方正集团及旗下各产业高度重视并积极参与国家扶贫工作，铭记社会责任，弘扬担当精神，发挥自身产业和资源优势，为打赢脱贫攻坚战发挥自身的力量。

坚持"造血"理念，以组合拳出击。为此，方正集团进行了长期的战略探索，从最初模式单一的"回馈教育、捐资助学"不断延伸，发挥校企特长，确立了"扶贫要扶智，输血先造血"的扶贫理念。同时，方正集团充分发挥多元经营的优势，充分调动信产、医疗、产融、产城融合等业务优势，紧密结合贫困地区特色及贫困人民的实际需求，形成了涵盖"科技＋扶贫""医疗＋扶贫""金融＋扶贫""资源＋扶贫"及"产业 A+B"的"产业＋"组合拳精准扶贫新模式。

二、责任行动

在"产业＋"的组合拳精准扶贫模式指引下，方正集团各下属企业聚焦产业扶贫、教育扶贫、健康扶贫 3 大领域，积极开展一系列的扶贫举措，并取得了初步的成果。

（一）产业扶贫

产业兴旺是扶贫战役中最具持续性和稳定性的举措，关键在于结合地区优势，大力推进特色产业发展，通过人才、资金、市场、销售渠道的支持，同时提高地区经济活力与创造就业机会，让贫困地区人民的钱袋子真正鼓起来。

积极结对帮扶贫困县。截至 2018 年年底，方正证券、北大资源等下属单位，在云南、湖南、四川、河南等 10 余个省（自治区、直辖市）的 20 余个国家级贫困县，开展了产业扶持的工作。其中方正证券及子公司共签约结对帮扶的国家级贫困县数量，在全国券商中排名第一。

图13-1　方正证券在湖南、云南、四川等地的20余个国家级贫困县开展产业扶持工作

骨干下乡增强造血能力。贫困县多地处偏远，缺乏现代的金融管理人才，企业小微、资本市场意识及经营管理能力弱。为了更好地扶贫造血，方正证券等单位先后抽调 10 余名业务骨干到帮扶县挂职开展工作，同时搭建互相学习的平台，在造血的同时，开展扶智工作。

引进资金促进发展。深入挖掘贫困地区特色农产品，利用方正自身的专业优势，实现 1+1>2 的扶贫效果。如，在"中国黑茶之乡"安化县，从黑茶产业入手，方正证券利用金融服务优势协助当地企业获批发行 7 亿额度的企业债券，并为当地最大的脱贫产业——黑茶及中药材产业提供长期稳定的资金支持。在自然条件与生存环境先天不足的四川开州区大进镇，北大资源发挥自身优势，通过开发富有特色风情和人文风貌的民宿项目，提升当地旅游价值。该项目已于 2018 年 7 月正式破土动工，完成后预计户均年收入可增加 4 万多元，有效实现精准脱贫。

创新金融产品降低农户风险。方正中期期货利用自身优势，通过创新性的"保险＋期货"手段，在多个贫困地区进行保价服务试点，为云南勐腊县胶农、云南双江县蔗农、新疆喀什地区棉农、河北大名县玉米种植户等贫困地区涉农主体提供累计超过 8000 吨的现货保价服务，有效降低了价格波动对当地农户带来的风险，惠及建档立卡贫困户合计超过 2.7 万户。

引入销售渠道推进产品销售。方正证券不断探索新的模式，协助帮扶县销售农产品，引入了第三方合作伙伴进行扶贫产品对接，并试行打造大宗农产品销售体系，仅 5 个月，就为帮扶县销售了 4000 多万农产品，促进提升帮扶县农产品销售量及品牌知名度。

（二）教育扶贫

如果说产业扶贫是持续造血的关键，教育扶贫则是以扶智为出发点的根本性举措，习近平总书记曾指出"把贫困地区的孩子培养出来，这才是根本的扶贫之策"。

　　方正集团充分发挥北京大学校企优势，将优质教育资源带入寒门，用科技力量改善山区教育水平，同时，通过保险助学、产品捐赠的方式，从硬件上提升贫困地区教学条件，软硬两手抓，将贫困阻断在起跑线上。

　　以现代信息技术提升教育水平。在教育部的支持下，2018 年 9 月，方正 IT 开展"墨韵智能·书法进校园助力"项目，面向经济欠发达地区的 10000 所学校，运用"人工智能＋书法教育"的技术成果，定向提供书法教育支持。截至 2018 年 12 月底，该项目已覆盖河北威县、福建上杭、甘肃甘南藏族自治州等 10 余个国家级贫困县，用科技助学，解决帮扶地区书法教育师资不足问题，提升教育水平，燃点"翰墨薪传"的希望之光。

　　引入资源提高教学质量。以方正证券为首的各下属企业，协同、配合北京大学支教团等优秀教育资源，落实云南弥渡学子赴京游学项目，并组织优秀教学骨干培训班。同时，在桦南县、安化县、新县、秭归县等签约帮扶的 11 个贫困县开展"自强班"项目资助，协调方正集团各单位力量，共资助 550 名寒门学子，并定期组织对应教师及教育局分管领导至北京参加培训，确保"自强班"顺利有效的开展。

　　配套资源改善学习生活条件。赠送保险为生命护航。子公司方正人寿另辟蹊径，以"从心出发，为爱传递"为旨，向四川省南充市为代表的多个贫困地区师生赠送伤害及意外医疗保险，充分发挥保险保障职能，为孩子们的生命健康保驾护航。改善办学条件，提升教育配套水平。方正物产、方正证券为代表的各下属单位，通过捐赠形式完善师生的教学及配套生活设施，如，为新疆和田第十小学助建多媒体教室；为安化县大湖小学捐建新食堂等。

　　技能培育呵护心理健康。方正集团子公司中国高科在昭觉县、吉安市、格尔木市等多地发起贫困地区儿童心理健康关爱行动，通过心理专家资源整合、资金支持等形式，向贫困师生提供心理健康课程，并对老师进行心理疏导技能培训，助力缓解留守儿童的心理健康问题。

图13-2　方正集团旗下北大资源陆续在江西、云南、湖南和贵阳等地开展"星火助学"计划

图13-3　方正集团旗下中国高科，向大凉山悬崖村小学捐赠教育物资

（三）健康扶贫

　　方正集团与北京大学医学部紧密合作，凭借自身特色资源，深耕医疗健康产业，致力于从这一领域开展扶贫工作。其中北大医疗集团，作为方正集团医疗、医药业务的最主要载体，从医疗资源注入、医疗服务支持、医疗水平培养等多个方面全面推进健康扶贫建设，减轻贫困群众就医负担，防止因病返贫，甚至因病致贫。与此同时，方正 IT 也发挥其在医疗卫生信息系

统的硬实力，为切实提升贫困群众生活质量贡献力量。

推进贫困地区医疗信息化改革。方正集团旗下北大医疗信息技术有限公司发挥医疗信息化专业优势，在黔西南州大力推进全州 165 个深度贫困村远程医疗信息化、990 所农村中小学校医标准化。同时，公司与当地卫生计生委签署战略合作，实现卫生信息互联，健康档案动态管理，帮助州政府落实健康扶贫工作开展。利用信息技术助力扶贫，帮助州政府落实扶贫工作。项目开展至今已为 3700 多贫困人群提供基层医疗服务，为 1100 多位贫困患者提供免费体检。

开展专项专病医疗救助。心血管病患儿救治。方正集团旗下北大医疗株洲恺德心血管医院为 14 周岁内患有先天性室间隔缺损、房间隔缺损、动脉导管未闭及肺动脉狭窄的新农合患儿提供免费手术，至今已救治 500 多名心血管病患儿。泌尿系统患者诊疗。方正集团旗下吴阶平泌尿外科中心携手社会爱心人士，面向周边贫困地区泌尿系贫困患者展开名为"蓝色关爱"的诊疗行动，截至 2018 年年底，已诊疗救治近 150 名贫困病患。

深度参与援藏援疆行动。2011 年以来，方正集团旗下北京大学国际医院连续 8 年走进西藏，参与"同心·共筑中国心"的援藏援疆公益活动。深入当地市医院、乡镇卫生院、寺庙、社会福利院等义诊工作场地，为群众及医务工作者进行诊断、手术救治、健康教育等医事服务。累计行程 4 万公里，完成手术 200 余例，为超过 8000 人提供了义诊服务。

驻派"村医"共享优质医疗资源。由于淄博市淄川地区医疗基础差、健康意识薄弱，方正集团旗下北大医疗淄博医院驻派优秀医师担任"第一村医"，参与贫困地区人民健康建档、家庭医生签约、重点人群管理等国家基本卫生公共服务，并提供物资支持贫困地区就诊环境提升，切实促进优质医疗资源向基层流动。

三、履责成效

方正集团秉持"扶智·造血"的方针，探索"产业 +"组合拳精准扶贫模式，聚焦产业扶贫、教育扶贫、健康扶贫 3 大领域，将自身的产业特色与贫困地区的实际需求进行了良好结合，有效地提升了贫困地区的造血能力，取得了扶贫工作的初步成效，方正集团及方正证券、方正人寿等各下属单位先后荣获了"2018 年度最佳责任管理奖""扶贫卓越贡献奖""2018 年度责任品牌奖"等一系列奖项，方正证券、方正中期期货分别成功入选国务院扶贫办"30 例企业扶贫分领域案例"、国务院扶贫办"企业扶贫 50 佳案例"。

未来方正集团将进一步加强各产业协同，完善长效扶贫机制，为国家扶贫攻坚工作做出新贡献。

第十四章
深圳能源集团：五大产业帮扶模式助推精准扶贫

深圳能源集团结合自身产业和技术特点，创新精准扶贫模式，以产业推进"造血"扶贫，在广东河源南坑村、新疆喀什塔县、甘肃武威市、广西田阳县、吉林白山市打造了"公司＋合作社＋基地＋农户""资源对接、收益返还""飞地光伏扶贫""项目开发绑定帮扶资金""光伏农场扶贫"五大产业帮扶模式，取得积极成果。

一、责任背景

2013 年 11 月，习近平总书记到湖南湘西考察时首次作出了"实事求是、因地制宜、分类指导、精准扶贫"的重要指示。2014 年 1 月，中办详细规划了精准扶贫工作模式的顶层设计，推动了"精准扶贫"思想落地。2015 年 10 月 16 日，习近平总书记在 2015 减贫与发展高层论坛上强调，扶贫攻坚工作要实施精准扶贫方略，增加扶贫投入，出台优惠政策措施，坚持中国制度优势，注重六个精准，坚持分类施策，因人因地施策，因贫困原因施策，因贫困类型施策。

二、责任行动

2016 年开始，深圳能源集团积极落实国家、省、市精准扶贫工作部署，成立扶贫办公室和以集团主要领导任组长、副组长的精准扶贫工作领导小组，充分调研对口帮扶地区的实际情况，因地制宜打造产业扶贫模式，深入推进精准扶贫工作。

（一）"公司＋合作社＋基地＋农户"模式

在广东河源市龙川县黎咀镇南坑村，深圳能源集团成立了龙川县首个村办帮扶企业"龙川南坑农业发展有限公司"，制定长效扶贫机制，打造"公司＋合作社＋基地＋农户"的产业发展模式，带动贫困户发展种养，盘活村内农产品。

扶贫工作以村公司为依托，打造了土鸡养殖基地、51.6 亩油茶基地、20 亩百香果基地、53.2 亩茶叶种植基地、71.5 亩有机水稻"鸭稻"种植基地，各个产业对应的"南圳"牌优质农产品均已对外销售。其中"鸭稻"种植基地被评为龙川县水稻绿色高产高效创建项目示范点。

图14-1   "公司+合作社+基地+农户"模式

（二）"资源对接、收益返还"模式

新疆塔什库尔干县是深圳市福田区对口帮扶对象，该县地处昆仑山脉腹地，平均海拔4000米以上，土地贫瘠，脱贫任务艰巨。塔县光照资源丰富，年平均等效利用光照可达1411小时。经充分调研论证，深圳能源集团提出因地制宜利用塔县丰富的光照资源开发地面集中式光伏电站，电站投资收益用于扶贫的工作思路。

图14-2   深圳援疆光伏扶贫

经深圳市福田区政府、深圳能源集团和塔县政府三方协议，塔县20兆瓦光伏发电项目由深圳福田区政府和深圳能源集团共同投资建设，深圳能源集团负责建设、运营管理。项目是深圳援疆首个集中式光伏扶贫项目，也是新疆唯一一个地面光伏扶贫项目。

电站于2018年5月31日并网发电。截至2018年12月31日，完成上网电量2077万千瓦时，实现利润925.48万元。2019—2021年，按年平均利用小时1700小时计算，预计可实现销售收入6595.32万元、利润3415.22万元，年均利税约为1023万元。

项目产生的全部收益将用于塔县精准扶贫工作，并持续20年。通过建立大病医疗、教育基金、贫困户救济金等多措并举的方式，可助力塔什库尔干县4140户、16806人脱贫致富，为塔什库尔干县人民奔向富裕之路搭建了快车道。

（三）"飞地光伏"扶贫模式

在甘肃武威市民勤红沙岗镇，深圳能源集团投资建设了20兆瓦集中式光伏电站扶贫项目。电站于2017年2月25日正式投产，是甘肃省首个"飞地光伏扶贫"项目。

图14-3　"飞地光伏扶贫"模式

"飞地模式"是指两个互相独立的行政区域打破原有行政区域限制，通过跨空间的行政管理和经济开发，实现两地资源互补、经济协调发展的一种区域经济合作模式。"飞地光伏扶贫"正是这种经济模式的一种体现。

项目至今运转顺利，每年向礼县政府提供240万元扶贫款，可使礼县800户贫困户每户均得到3000元扶贫资金，该项帮扶将持续20年。项目的成功实施，为甘肃省全面实施光伏扶贫工程、全力推进"1236"扶贫攻坚行动奠定了良好基础。

（四）"项目开发绑定帮扶资金"模式

按照广东省及深圳市对口帮扶广西壮族自治区的总体部署，深圳能源集团将广西境内开发的风电项目全部纳入精准扶贫项目库，打造粤桂对口帮扶的明星工程，助力自治区脱贫攻坚事业。扶贫模式为深圳能源集团每建成投运100兆瓦容量，即向广西壮族自治区提供1000万元的帮扶资金，分10年支付，每年100万元。

图14-4　广西风电扶贫项目

深圳能源集团积极加大在广西的风电扶贫工作力度。2018 年 1 月，田阳县玉凤 100 兆瓦项目、龙胜县花界山 50 兆瓦项目及罗平盖 50 兆瓦风电项目被纳入广西 2018 年风电开发建设方案备选项目。

位于百色市田阳县玉凤镇东部的扶贫项目规划两期装机容量共 100 兆瓦，将建设 25 台单机容量 2.0 兆瓦风力发电机组，年等效满负荷利用小时为 2132 小时。目前，第一期 50 兆瓦已经正式落地，建成投产后将按协议向地方政府支付 500 万元的专项帮扶资金。

（五）"光伏农场"扶贫模式

在吉林白山市浑江区六道江镇，深圳能源集团投资建设了深能白山农业光伏电站，项目规划总装机容量为 40MWp。一期装机容量 15.622MWp，占地面积约 750 亩，已于 2017 年 6 月 28 日并网发电。

项目为吉林省省级扶贫项目、白山市十大重点项目。按照协议，深圳能源集团利用项目收益开展精准扶贫，每年向当地 117 户已建档立卡的贫困户提供每户 3000 元的资金，帮扶将持续 20 年。

图14-5　"光伏农场"扶贫模式

"光伏农场"充分发挥深圳能源集团的技术优势，将光伏设施与农业相结合，发展现代高效农业。对比普通农业光伏，得益于设计初期的统筹考量，该项目可在光伏面板下开展机械化操作，大大提高了种植效率。项目可种植油葵、紫苏等经济作物，具有无污染零排放的发电能力，又不额外占用土地，是光伏发展和农业生产双赢举措。

三、履责成效

（一）造血扶贫，为当地扶贫事业提供有力支撑

在广东河源南坑村，目前已成功打造出长效产业体系，36 户贫困户掌握了现代化种养技

术，积极发展种养业，家庭年人均可支配收入由 3881.24 元增加至 15443.47 元，实现了预脱贫。利用光伏、风电项目收益，为新疆、甘肃、广西、吉林的对口帮扶地区提供长达 20 年的可持续扶贫资金，建立起了大病医疗、教育基金、帮扶金等帮扶模式，为当地扶贫事业提供了有力支撑。

（二）因地制宜，为扶贫模式创新提供有益参考

贯彻习近平总书记"坚持分类施策""因人因地施策"的方针要求，深圳能源集团针对不同扶贫地区的实际情况，打造了不同的产业扶贫模式，有长效农业体系，也有光伏、风电收益的不同配置返还模式，项目的成功实施，为产业支援、精准扶贫模式的创新提供了很好的范例，也获得了当地政府和百姓的肯定。

（三）优势对接，为当地经济发展提供积极动力

深圳能源集团具有可再生能源发电的技术优势，而新疆、甘肃、广西、吉林的扶贫地区则具有可再生能源的资源优势，通过优势对接，打造发电项目，为当地创造就业岗位，实现可观利税，亦有望带来更多高科技、高附加值的产业项目，拉动当地经济发展，助力脱贫攻坚工作更好推进。

第十五章
深农集团：打造农批市场＋公司＋基地＋农户的精准扶贫"红河模式"

深农集团充分发挥农产品流通行业龙头企业优势，积极探索全产业链布局，建设认证基地，打造具有特色的"红河模式"，创建标准化、规模化、现代化的蔬菜基地，带动农民种植增收，加强产业配套服务设施建设，保障城市"菜篮子"丰足安全稳定供应。"红河模式"带动当地1.4万户农户发展，取得显著的脱贫攻坚成效，有效保障深港两地及集团旗下其他农产品批发市场农产品供应和价格稳定。

一、责任背景

《中共中央国务院关于实施乡村振兴战略的意见》中提出要"提升农业发展质量，培育乡村发展新动能"，为农产品批发市场助力实施乡村振兴战略指明行动路径，对健全农产品产销稳定衔接机制、大规模推进高标准农田建设提出新要求。创建标准化、规模化、现代化的蔬菜基地是实施乡村振兴战略、助力脱贫攻坚的重要抓手，也是保障"舌尖上安全"的源头。深农集团作为大型现代化农产品流通企业集团，一方面，在搭建优良农作物品种种植与供应流通平台、构筑更坚实的食品质量安全网络等方面具有资源优势；另一方面，作为国企上市公司，在落实乡村振兴战略、服务"三农"发展方面具有义不容辞的责任。

对此，深农集团探索将精准扶贫与基地建设紧密结合，打造具有特色的"红河模式"，在助力精准扶贫、保障深港"菜篮子"供应和食品安全、搭建更广阔的流通平台等方面取得了突出的成效。

二、责任行动

深农集团坚持现代农业产业化的理念，按照"鲜活、优质、营养、绿色"的现代消费要求，充分结合自身资源优势和云南省红河州的自然地理条件优势，推动农产品生产基地与产地批发市场互联互动，打造完整、健康、有序的农产品流通产业链，在保障深港两地农产品市场供应和价格稳定的同时，促进当地农民脱贫致富。

（一）打造规模化、标准化蔬菜种植基地

深农集团投资建设云南天露高原果蔬有限公司（以下简称"天露公司"），在红河州泸西县境内水利等农业生产条件有保障的区域实行土地流转，严格按照土地流转、蔬菜标准、采配

农资、包装规格、蔬菜品牌、配送运输、集中竞价交易"七统一"的模式分批建设规模化、标准化的蔬菜种植基地。充分发挥高原特色农产品的品牌效应，打造"绿色食品"的云南名片。引进泸西县内外种植大户，培育红葱、生菜、娃娃菜等主要种植品牌，积极推动当地农产品获得有机认证，进一步保障和提升农产品品质。

截至 2018 年底，已在红河州泸西县中枢、白水、金马、午街 4 个乡镇建成标准化、规模化的蔬菜种植基地，其中直接流转土地 1.2 万亩，引进县内外种植大户 100 多户，规模化运营逐步形成。

图15-1　高原特色农业示范基地

（二）促进农户增收和农业发展

深农集团积极响应国家精准扶贫号召，将基地建设和红河州泸西县扶贫工作有机结合，重视激发当地贫困户脱贫致富的内生动力，对有劳动能力的贫困人口强化产业和就业扶持，积极做好产销衔接、劳务对接。创新产业扶贫方式，通过"公司＋合作社＋基地＋农户＋科技"的模式带动红河州泸西县当地农户发展，吸纳当地农户到农产品种植基地就业，并为农户提供产业技术培训，促进农户增收。

农业合作为当地带来了生产方式的创新。在这一产业扶贫模式下，农民不仅从土地流转当中获得稳定的地租收入和务工收入，还能学习到科学种植技术和经营方法，快速实现从贫困户到种植大户的转变。

图15-2　参与种植的当地村民

（三）完善产业配套服务设施建设

为促进"基地＋市场"模式的发展与应用，实现生产基地与产地批发市场互联互动，天露公司进一步完善产业配套服务设施建设，以规模化、标准化的蔬菜生产基地建设为龙头，以滇东农产品物流交易中心为依托，以产业配套服务设施建设为切入点，开展以蔬菜良种、水稻、玉米等粮食作物的种子繁育、推广、销售为主的高原农作物种子的繁育、推广及销售等业务，在云南省泸西县打造并形成集蔬菜加工、冷藏储存、包装保鲜、农业投入品和辅助生产资料供应、高原农作物优良种子的推广和销售、生产技术咨询等于一体的"产地＋市场＋工厂＋物流＋服务"的农产品交易平台、信息平台、流通平台和农产品进出口平台。滇东农产品物流交易中心吸引了泸西县周边石林、曲靖师宗、文山丘北、贵州新义、弥勒、开远等县市的果蔬到滇东市场进行加工、交易、配送，在丰富"菜篮子"品种的同时为更多地区的优质农产品拓展销路。持续完善"基地＋市场"的一站式服务及增值服务，实现无中间环节的产销对接，显著缩短蔬菜运输时间，减少流通损耗，保障产品质量。

（四）保障以基地为源头的全流程食品安全

深农集团以绿色交易和质量安全为核心，以优质、无公害及绿色食品为目标，建立食品安全数据库，构筑坚实的食品质量安全可追溯体系，通过高标准、准入机制和信息化，形成食品安全管控的闭环管理，实现"从产地到餐桌"全过程的跟踪和追溯。

深农集团严格实施种植基地源头管理，以"供深标准"打造认证生产基地，植入大健康理念，从种植源头打造放心品质。在"加、储、运"等环节，完善责任机制，执行准入监管，强化运输环节中的产品信息报备和登记，全面开展食品安全风险评审，提升食品检测能力，及时进行售前抽检和定期检查。在流通全过程贯彻"智慧深农"理念，建立产品来源可追溯体系，推行市场档位"一户一码"，使客户可以通过手机扫描读取在售商品信息、近期检验检测数据及市场监督检查信息等。通过"基地＋市场"双轮保障模式，将优质的农产品源源不断地运送到深港市场乃至全国市场。

图15-3　食品安全检查

图15-4　食品安全信息化管控

三、履责成效

（一）取得了显著的脱贫成效

"公司＋合作社＋基地＋农户＋科技"的方式带动了当地1.4万户农户发展，平均每户年收入增长超过2万元，累计促进2万多个农民就业，培训产业工人超过1万人。在2016年"首届中国扶贫论坛"上，深农集团旗下的果菜公司凭借全国独创的"红河模式"典型案例，在全国参选的500多家上市公司、世界500强企业及大型企事业单位中脱颖而出，荣获"中国扶贫·企业贡献奖"，成为全国参选唯一获奖的农业企业。

（二）保障深港"菜篮子"丰足安全供应

"红河模式"用红河的"菜园子"保深圳的"菜篮子"，有效保障深港两地农产品市场供应和价格稳定。目前，每天有近1000吨（最大日交易量2000吨）优质果蔬完成交易，每天供深蔬菜量达300余吨，年供深蔬菜12万余吨。同时，5万亩规模化、标准化蔬菜种植基地以绿色交易和质量安全为核心，以优质、无公害及绿色食品为目标，建立了食品安全数据库，构筑坚实的食品质量安全可追溯体系，实现了"从生产到餐桌"全过程的跟踪和追溯，进一步保障"舌尖上的安全"。

（三）搭建更为广阔的优质农产品流通平台

"红河模式"以规模化、标准化的蔬菜生产基地建设为龙头，强化了产业配套服务设施建设，形成集农产品交易、物流、监督、推广等多功能为一体的流通平台，在促进高原农产品优良种子推广到深圳、广州、成都、上海等大中城市的同时，为优质农作物产品品种搭建更为广阔的流通平台，探索出一条基地与销地实现良好对接的流通之路，以期将"建一个基地，活一个产业，富八方群众"的模式拓展到全国各地。

未来，深农集团将以在云南省建设5万亩高原特色农业示范区为契机，以"红河模式"思路深度推进精准扶贫工作，并推动蔬菜产业形成规模效益与外向发展趋势。进一步总结提炼"红河模式"的典型经验，并推广到更多优质农作物产地和更多贫困地区，为促进贫困地区可持续发展和农产品流通行业发展发挥积极作用。同时，通过"基地＋市场"的模式进一步丰富公司农产品产业经营链条，为城市"菜篮子"丰足安全供应提供更坚实的保障。

第十六章
万和证券：结对帮扶助推保亭县脱贫摘帽

　　万和证券高度重视履行社会责任，牢牢将公司自身发展与社会进步紧密相连，注重国家、社会、企业、股东、客户、员工的和谐稳定、协调互补、健康可持续发展。始终将国家利益与企业利益、社会效益与公司效益、长远利益与短期利益、民族发展与自身发展、股东利益与员工利益等的相互协调作为工作的重心。在中国证监会、中国证券业协会的领导下，公司坚持把精准扶贫工作作为重中之重，按照精准扶贫、精准脱贫的要求，深入贫困村户走访调研，制定帮扶措施，成功助推了海南省保亭黎族苗族自治县 44 个贫困村的脱贫摘帽。

一、责任背景

　　习近平总书记指出，脱贫攻坚已经到了啃硬骨头、攻坚拔寨的冲刺阶段，必须以更大的决心、更明确的思路、更精准的举措、超常规的力度，众志成城实现脱贫攻坚目标，绝不能落下一个贫困地区、一个贫困群众。要坚决打赢脱贫攻坚战，让贫困人口和贫困地区同全国一道进入全面小康社会，要动员全党全国全社会力量，坚持精准扶贫、精准脱贫，确保到 2020 年我国现行标准下农村贫困人口实现脱贫，贫困县全部摘帽，解决区域性整体贫困，做到脱真贫、真脱贫。

　　2016 年 8 月，中国证券业协会发起证券公司"一司一县"结对帮扶行动倡议，号召每家证券公司至少结对帮扶一个国家级贫困县。为进一步履行社会责任，深化和推进公司精准扶贫工作，万和证券与海南省保亭县黎族苗族自治县签署扶贫合作战略协议，积极捐赠扶贫资金，由保亭县政府统筹安排作为当地专项扶贫资金使用。通过资金扶持，保亭县各村集体的经济收入得以增加，农业产业得到进一步发展壮大，为当地的脱贫摘帽创造了有利条件。

二、责任行动

　　作为企业公民，万和证券本着"万众一心、和行天下"的企业精神，以积极承担社会责任来打造自己的企业文化。

　　海南省保亭黎族苗族自治县是万和证券结对帮扶的贫困县，位于海南五指山南麓，全县有汉、黎、苗、壮、瑶等族人口 16.77 万人，其中黎、苗族人口占 66.6%；农业人口占比超过90%，是典型的山区农业民族贫困县。自结对帮扶以来，公司积极深入保亭县开展扶贫调研，精准挖掘和对接保亭县需求，为保亭县精准脱贫打下良好的基础。

（一）重视扶贫工作，成立扶贫工作领导小组

为扎实做好精准扶贫、精准脱贫工作，万和证券成立精准扶贫工作领导小组和工作小组，公司高管团队深入一线，轮流带队对海南省保亭黎族苗族自治县下设村镇展开调研，摸底帮扶贫困村及贫困户的情况。

针对贫困村存在的主要问题，公司扶贫领导小组与当地政府、村干部、村民集思广益，想方设法拓宽扶贫思路，对公司上下提交的扶贫建议进行专项分析和总结，形成调研报告。

经过对国家级贫困县海南省保亭县下设村镇开展多次调研摸底后，结合保亭县贫困村及贫困户的实际情况，公司制订了三年帮扶方案，对帮扶的工作目标、时间管理、预算情况以及具体的帮扶安排都制订了详细的方案，争取集中资源，使帮扶对象早日摆脱贫困状态，逐步实现共同富裕。

（二）划拨专项资金，深化精准扶贫工作

为推进保亭黎族苗族自治县农业产业进一步发展壮大，增加村集体经济收入，结合保亭县实际情况，万和证券与保亭县政府共同制订了保亭黎族苗族自治县发展整村推进村集体经济工作方案。

根据方案内容，万和证券一次性投入资金数百万元，围绕促进贫困村产业发展、技能培训等项目建设，多措并举，增加农民收入，改善贫困村生产生活条件，即每个贫困户至少掌握1—2项实用技术，参与1项以上养殖、种植、林下经济、花卉苗木、设施农业等增收项目，发展脱贫产业。

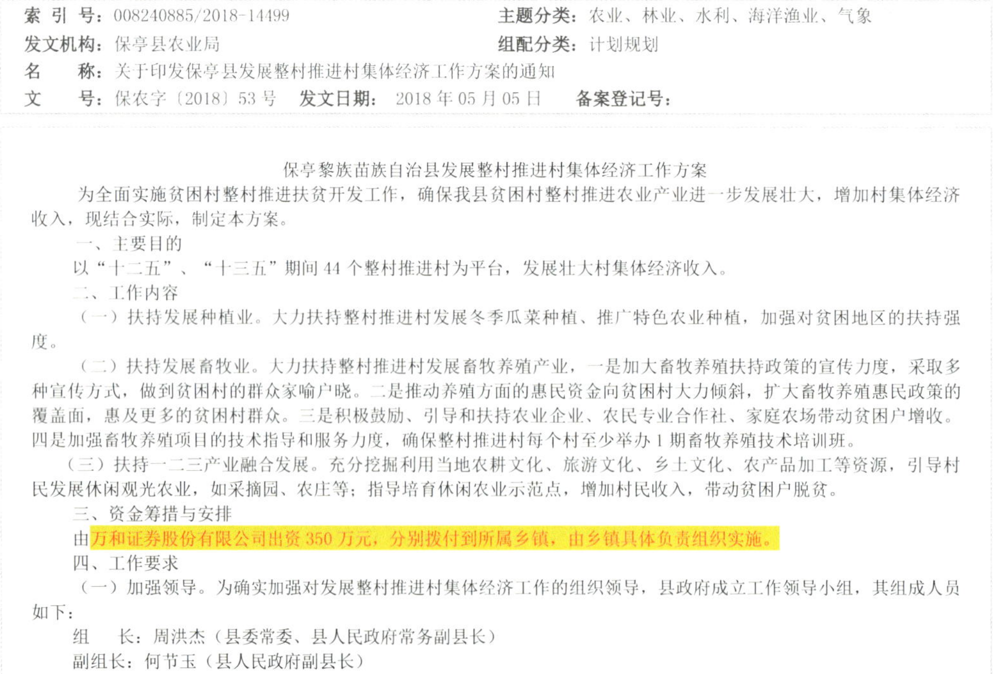

索 引 号：008240885/2018-14499	主题分类：农业、林业、水利、海洋渔业、气象
发文机构：保亭县农业局	组配分类：计划规划
名　　称：关于印发保亭县发展整村推进村集体经济工作方案的通知	
文　　号：保农字〔2018〕53 号　发文日期：2018 年 05 月 05 日　备案登记号：	

保亭黎族苗族自治县发展整村推进村集体经济工作方案

为全面实施贫困村整村推进扶贫开发工作，确保我县贫困村整村推进农业产业进一步发展壮大，增加村集体经济收入，现结合实际，制定本方案。

一、主要目的

以"十二五"、"十三五"期间 44 个整村推进村为平台，发展壮大村集体经济收入。

二、工作内容

（一）扶持发展种植业。大力扶持整村推进村发展冬季瓜菜种植、推广特色农业种植，加强对贫困地区的扶持强度。

（二）扶持发展畜牧业。大力扶持整村推进村发展畜牧养殖产业，一是加大畜牧养殖扶持政策的宣传力度，采取多种宣传方式，做到贫困村的群众家喻户晓。二是推动养殖方面的惠民资金向贫困村大力倾斜，扩大畜牧养殖惠民政策的覆盖面，惠及更多的贫困村群众。三是积极鼓励、引导和扶持农业企业、农民专业合作社、家庭农场带动贫困户增收。四是加强畜牧养殖项目的技术指导和服务力度，确保整村推进村每个村至少举办 1 期畜牧养殖技术培训班。

（三）扶持一二三产业融合发展。充分挖掘利用当地农耕文化、旅游文化、乡土文化、农产品加工等资源，引导村民发展休闲观光农业，如采摘园、农庄等；指导培育休闲农业示范点，增加村民收入，带动贫困户脱贫。

三、资金筹措与安排

由万和证券股份有限公司出资 350 万元，分别拨付到所属乡镇，由乡镇具体负责组织实施。

四、工作要求

（一）加强领导。为确实加强对发展整村推进村集体经济工作的组织领导，县政府成立工作领导小组，其组成人员如下：

组　　长：周洪杰（县委常委、县人民政府常务副县长）

副组长：何节玉（县人民政府副县长）

图16-1　保亭黎族苗族自治县发展整村推进村集体经济工作方案

（三）结合当地实际，扶持相关产业助力致富

为推动保亭县全面实施贫困村整村推进扶贫开发工作，保亭县成立了以常务副县长为组长的工作小组，由万和证券负责资金筹措，保亭县所属乡镇负责组织实施，采取整村推进农业产业的方式，增加村集体经济收入。

（1）扶持发展种植业。大力扶持整村推进村发展冬季瓜菜种植、推广特色农业种植，加强对贫困地区的扶持强度。

（2）扶持发展畜牧业。大力扶持整村推进村发展畜牧养殖产业，一是加大畜牧养殖扶持政策的宣传力度，采取多种宣传方式，做到贫困村的群众家喻户晓。二是推动养殖方面的惠民资金向贫困村大力倾斜，扩大畜牧养殖惠民政策的覆盖面，惠及更多的贫困村群众。三是积极鼓励、引导和扶持农业企业、农民专业合作社、家庭农场带动贫困户增收。四是加强畜牧养殖项目的技术指导和服务力度，确保整村推进·每个村至少举办1期畜牧养殖技术培训班。

（3）扶持一、二、三产业融合发展。充分挖掘利用当地农耕文化、旅游文化、乡土文化、农产品加工等资源，引导村民发展休闲观光农业，如采摘园、农庄等；指导培育休闲农业示范点，增加村民收入，带动贫困户脱贫。

在扶贫资金到位后，在保亭县政府及各级部门、当地村民的共同努力下，贫困村的集体经济收入逐步增加，不少贫困户逐步摆脱贫困，为保亭县最终打赢扶贫攻坚战积累了宝贵经验和物质基础。

（四）推进落实"一司一县"结对帮扶

按照中国证券业协会的部署，公司继续推进落实"一司一县"结对帮扶的工作，该项工作逐年深化，均卓有成效。

作为"一司一县"第六批帮扶对象，公司多次向保亭县政府及当地村集体进行捐赠，2017年公司与海南省保亭县黎族苗族自治县签署扶贫合作战略协议，捐赠扶贫资金100万元整，由保亭县政府统筹安排作为当地专项扶贫资金使用。协议签署后，公司即向保亭县政府扶贫基金正式划拨捐赠资金100万元整。

三、履责成效

经过公司多年的帮扶以及该县政府部门、广大群众的共同努力，截至2018年末，保亭县44个贫困村全部脱贫出列，贫困人口由6668户26208人减少到81户257人，贫困发生率下降至0.27%，保亭县基本完成脱贫摘帽的任务，实现了公司预期的"真扶贫、扶真贫、真脱贫"的目标。

2019年4月26日，海南省政府网站对外公布了保亭县退出贫困县序列的公告。4月27日，海南省政府召开新闻发布会通报，该省保亭黎族苗族自治县、琼中黎族苗族自治县退出贫困县序列。

图16-2　扶贫成效展示图

公益慈善篇

第十七章
现代汽车集团（中国）：坚守责任担当　携手共创更好未来

　　现代汽车集团践行以人为本与环保经营，致力于创造价值最大化并推动与所有利益相关方的和谐发展。"携手共创更好未来"是现代汽车集团的愿景，代表了现代汽车集团超越量性发展，实现顾客满意度最大化的坚定承诺。现代汽车集团拥有以整车、钢铁和建筑三大板块为中心，多领域协同发展的资源循环型企业结构，这个独一无二的结构为我们的生活带来全面创新并创造崭新的价值。作为全球领先企业，现代汽车集团以尊重人和环境为基本经营原则，追求进一步的成长。

一、责任背景

　　现代汽车集团将"携手共进的世界"作为公益事业的口号。自 2002 年进入中国市场以来，现代汽车集团积极开展包括环境保护、交通安全、困难人群帮扶、中韩文化交流等领域在内的社会贡献活动。我们坚持立足中国本土，在"Green Move 共护绿色""Safe Move 共建安全""Happy Move 共献关爱""Dream Move 共筑梦想"四大板块构成的社会贡献活动体系支撑下，持续开展公益实践活动，助力社区发展。作为一个全球化的汽车企业，以实现社会的和谐发展为基础，建立可信赖的合作伙伴关系为己任，是现代汽车集团不断前进的意志力的体现。

　　社会贡献愿景：

　　Trustworthy Partner for Today & Tomorrow（永远值得信赖的伙伴，从现代到未来）

　　社会贡献口号：

　　携手（together）——作为企业公民建立与社会和谐发展的伙伴关系

　　共进的（moving）——汽车企业"移动"的行业特点，体现了发展和持续的变化

　　世界（world）——向全社会普及社会贡献理念并在全球领域开展社会贡献活动

社会贡献活动体系：

环境问题与气候变化是现代汽车集团一直以来关注的问题。现代汽车集团于 2008 年开始启动的"内蒙古盐碱干湖盆治理项目"，得到社会各界的高度认可和广泛好评。

Safe Move 是现代汽车集团全球性公益项目，旨在向社会普及交通安全知识，包括交通安全、社会安全、灾难救助等与"安全"相关的项目。

Happy Move 主要包含现代汽车集团以志愿者，如大学生志愿者、员工志愿者为行动主体的社会关爱活动。我们通过搭建志愿者服务平台汇聚社会力量，携手利益相关方奉献关爱。

共同进步、铸就梦想是现代汽车集团与社会的共同期望。现代汽车集团致力于在教育、文化、体育等领域开展支持与帮扶活动，推动社会进步，助力梦想实现。

二、责任行动

（一）Green Move(共护绿色)

现代汽车集团（中国）以中国内陆沙尘暴发源地之一的内蒙古宝绍岱诺尔为基地持续开展沙漠化防治事业。在内蒙古正蓝旗开展了第一期治沙事业（2008—2013 年），完成了 5000 万平方米的草地植被恢复，第一期事业的 6 年间，共有 2037 名志愿者参与，投入金额 1191 万元。2014 年开始第二期治沙事业（2014—2018 年）·计划在宝绍岱诺尔地区完成 4000 万平方米的草地植被恢复工作，第二期治沙事业派遣志愿者 2200 名，投入金额 1545 万元。每年还会邀请大学生社团、环境保护专家、NGO 团体等去治沙活动现场参观体验提供建议。集团承诺在治理事业完成后，治理成果交由当地政府继续管理。

2018 年开始的海南岛红树林保护事业也在持续开展。红树林可以为鱼类、水鸟提供栖息地，提高生物多样性，扼制水污染、土壤侵蚀，保护生态界，还可降低台风和海啸的破坏，起到保护海岸线的作用。现代汽车集团向海南三亚和海口地区派遣大学生志愿者，致力于红树林海洋湿地和生态保护事业，同时向海南岛地区的中小学生进行海洋生态教育并向当地居民介绍生态保护的重要性。

图17-1 内蒙古沙漠化防治事业

（二）Safe Move（共建安全）

针对交通事故多发的儿童群体，东风悦达起亚在江苏盐城投资3000万元建设"儿童交通安全体验馆"，并于2014年正式对外开放。体验馆内根据真实交通环境，设置了系安全带体验、过人行横道等环节，儿童可在此进行学习、体验，培养正确的交通安全习惯。2016年下半年现代汽车集团陆续开展面向小学低年级学生的"安全守护计划进校园"大型公益活动；在北京、上海、重庆、江苏等地区为保障雨天小学生上学安全，现代摩比斯组织透明雨伞捐赠活动等，以实际行动守护青少年交通安全。

图17-2 现代汽车儿童安全守护计划

图17-3 透明雨伞馈赠

现代汽车集团在中国遭遇自然灾害、灾难时第一时间伸出援手，帮助灾区人民渡过难关：2008年汶川地震捐款1622万元、2013年雅安地震捐款2000万元、2014年云南鲁甸地震捐款1622万元等。险情发生时现代汽车集团联合在华各法人公司齐心协力为灾区人民送去关怀，并协助展开房屋修复等各项工作，2015年8月发生的天津港爆炸事故捐助慰问金330万元；2016年7月江苏盐城遭受龙卷风灾害，作为当地的代表企业向受灾地区慰问并捐款1500万元。

图17-4　盐城龙卷风灾害捐赠

（三）Happy Move(共献关爱)

Happy Move体系框架下主要是东风悦达起亚家园房屋援建和世界文化遗产保护活动。"东风悦达起亚家园"是对地震受灾地区以及贫困落后地区的住房环境进行援建和修缮，组织大学生志愿者参与建筑房屋，并开展文艺表演、送温暖活动。中国从古代开始就有丰富灿烂的文化遗产，起始于2014年的世界文化遗产保护活动在文化遗迹地的山东曲阜、四川成都、重庆、陕西西安等地区展开，主要是对遗迹地进行环境清理改善等工作，发扬文化遗产保护精神。

图17-5　东风悦达起亚家园

图17-6　文化遗产保护活动

图17-7　东风悦达起亚幸福婚车

东风悦达起亚"幸福婚车"公益活动，免费为盐城地区新婚夫妇提供婚车和全程驾驶服务，包括出发前对车辆进行检查和维修、婚礼当天的接送等环节，员工志愿者团在活动中发挥重要作用。

（四）Dream Move（共筑梦想）

Dream Move 是现代汽车集团帮助社会弱势群体，助力实现梦想的公益活动。"梦想之屋"向贫困地区的小学捐赠图书、多媒体等教育物资，帮助学校改善教育教学环境。从 2011 年开始截至 2018 年 12 月已经在全国范围对 61 所学校开展捐赠。"梦想之屋"的特别之处还在于联合当地的媒体、经销商和车主四方共同参与，对促进当地的社会发展起到积极作用。

图17-8　梦想之屋

东风悦达起亚"健康加油站"旨在改善农村贫困地区的小学食堂，修缮学生用餐环境，提供营养、健康的日常膳食，为学生的成长保驾护航。2015 年在河北承德市建设第一座健康加油站，2017 年在江苏省宿迁市和盐城市也分别建成第二、第三座起亚健康加油站，2018 年 10 月位于江苏盐城响水县的第四座加油站也已竣工并投入使用。

图17-9　健康加油站

图17-10　青少年工学教室

　　摩比斯青少年工学教室是旨在培养青少年科学兴趣的公益活动，应用汽车科技知识，结合研发新技术，以生动形象的教学方式讲述汽车科技理论知识，让小学生们亲手制作产品模型，激发他们对理工知识的兴趣。

　　童心驿站是面向留守儿童的保护计划。在地方政府的帮扶和支持下，现代汽车集团提供专门场所和设施为留守儿童学习所用，聘请专职志愿者协助童心驿站的健康运营。2016年第一所童心驿站和2017年第二所童心驿站分别设在北京现代沧州第四工厂和重庆第五工厂临近地区，第三座童心驿站在四川省资阳市，于2019年1月17日正式揭牌投入使用。

图17-11　童心驿站

三、履责成效

　　现代汽车集团（中国）从 2012 年开展内蒙古沙漠化防治、起亚家园、紧急灾难支援等领域的公益活动，并在 2016 年 10 月开始运营现代汽车儿童安全保护计划。在中国地区为了履行企业社会责任和加强社会贡献活动重要性传播，长期同在 CSR 领域发挥重要作用的中国社会科学院企业社会责任研究中心保持紧密的合作关系。积极参与社科院举办的分享责任世界行、中国行、公益讲堂、百人论坛等公益项目，分享优秀的企业社会责任案例，并邀请 CSR 领域相关负责人到现代汽车集团公益项目活动现场参观指导，为公益事业的改善和提高建言献策，获益匪浅。

　　现代汽车集团内部的社会责任管理部门中，中国地区法人公司的社会贡献部是海外法人中最早设立的，并在中国地区为强化社会贡献的作用不断努力。每年上下半年各一次，一年共两次召集集团公司举办中国地区社会贡献协商会，在会议上分享总公司的全球社会贡献战略、社会科学院 CSR 讲义、中国地区优秀企业的 CSR 案例介绍、分享集团子公司的社会贡献活动和所取得的业绩等，为提高现代汽车集团在中国的社会贡献中发挥的作用、强化集团子公司间的交流合作、开发新事业发挥积极作用。不断开展不同领域的多种形式的公益活动也得到了中国社科院企业社会责任研究中心的认可，多年来在相关 CSR 领域的汽车产业评价中持续获得领先评价，并在 2018 年度企业社会责任发展指数中荣获"责任十年·外企十佳"称号。

第十八章
华夏幸福：在产业新城高质量推广"幸福志愿者"

华夏幸福基业股份有限公司创立于 1998 年，致力于产业新城的投资、开发、建设与运营，是中国领先的产业新城运营商。围绕国家战略重点区域，华夏幸福围绕北京、上海、广州、南京、杭州、郑州、武汉等全国 15 个核心都市圈，在全球 80 余个区域布局、打造产业新城。

秉持"产业新城助力幸福生活"的企业社会责任理念，华夏幸福坚持党建引领，打造志愿模式，以志愿者服务为切入点，积极发展城市志愿者，开展志愿服务，解决了原住民融合融入问题，拉近人们之间的距离，共同建设温暖家园。

2015 年，华夏幸福首先在固安产业新城建立固安幸福志愿者服务会，总结出独具特色的"1+1+2+X"志愿服务模式，确立以党建为引领，以志愿服务组织为抓手，以产业幸福荟、社区幸福荟为载体，结合区域实际，开展特色志愿服务。

2019 年，依托"1+1+2+X"志愿服务模式，华夏幸福在各个产业新城全面启动"幸福志愿者"，志愿服务工作走向全国。

一、责任背景

近年来，党中央高度关心、重视志愿服务事业。党的十九大报告明确提出推进志愿服务制度化，习近平总书记多次对志愿服务作出重要指示，志愿服务事业的发展，需要全社会的积极参与。

华夏幸福坚持"做有温度的企业"，将"产业新城助力幸福生活"确立为企业的社会责任理念，充分发挥党组织的政治核心和政治引领作用，把社会责任和产业新城业务紧密结合。

华夏幸福"一六四四"业务模式中，"六"，就是在六大领域为区域提供服务，其中一个就是城市运营。伴随高端人才与产业精英的导入聚集，固安产业新城以"人"的需求为出发点，以志愿服务为切入点，从开展城市志愿活动到探索专业志愿之路，持续塑造城市精神，培育城市民风，传承城市幸福。

二、责任行动

"幸福志愿者"发源于华夏幸福运营的首个产业新城——河北固安产业新城。2002 年 6 月 28 日，固安县人民政府与华夏幸福签订协议，共同建设运营固安产业新城，拉开了固安快速发展的序幕。随着产业新城聚集人口不断增加，为解决原住民、产业工人、创业者的融合与融入问题，2015 年，华夏幸福以志愿服务为切入点，从固安产业新城的实际需求出发，大力探索志愿服务工作。截至 2018 年年底，固安志愿者注册人数超过 5000 人，发布志愿活动 220 多次，服务人群超过 35000 人次。得到了固安人民的认可和响应，并受到各级党委政府和社会各界的高度评价。

汇聚志愿力量，创享幸福生活。华夏幸福以固安产业新城"幸福志愿者"为实践探索，适时总结经验，创造出了一套符合产业新城实际、可借鉴可复制可推广的"志愿服务"经验模式，在全国产业新城范围内高质量推广"幸福志愿者"。

（一）坚持党建引领，打造志愿模式

2015 年，在华夏幸福党委和地方党委大力支持和指导下，由固安区域党总支发起，以党建这一红色引擎为驱动力，以华夏幸福党员为核心骨干，固安幸福志愿服务会正式成立，并启动了送温暖、送幸福的志愿行动。

行动发起以来，志愿者群体不断壮大，"奉献、友爱、互助、进步"的志愿服务精神日渐普及，形成了主题鲜明的常态性志愿活动：丰富社区文化生活的文艺晚会、倡导健康生活方式的"绿色骑行"活动、改善城市环境的"绿色春天幸福梦想"大型植树活动、帮助父母与孩子共同成长的大型家庭系列讲座……受到了当地党委政府的肯定，得到了群众的欢迎和响应。

经过在固安产业新城的试行，华夏幸福总结经验，确立了"1+1+2+X"的志愿服务模式，即第一个"1"是党建引领；第二个"1"是志愿服务组织；"2"是产业幸福荟、社区幸福荟；"X"是结合区域实际的特色志愿服务。同时，通过协调统一的党建工作体系，自上而下，以党员带头、建立组织、整合资源、创新服务等方式，在各产业新城全面推广"幸福志愿者"，确保各产业新城统一部署，统一步调。

（二）发挥组织优势，壮大志愿队伍

"幸福志愿者"发展壮大，必须依托党组织、依靠党组织。在推广过程中，华夏幸福充分发挥党委组织优势，利用内部党建资源，依托三级党建体系，实行"双向培养"，即把党员培养成志愿者骨干，把优秀志愿者发展为党员。通过工作联结、队伍联建，实现了有业务的地方有党员，有党员的地方有党组织，有党组织的地方就有"幸福志愿者"。

"幸福志愿者"全面推广后，华夏幸福各基层党组织也纷纷成立志愿服务组织，通过党员示范带动，越来越多的居民和产业工人加入志愿服务的队伍中来，更多的居民成长为志愿服务领袖，让志愿服务遍布城市各个角落。

（三）创建志愿载体，汇聚发展合力

开展志愿服务，活动阵地是保障。华夏幸福对园区和社区资源进行了有效整合，建立了幸福荟这一特色阵地。

幸福荟是由华夏幸福在所建设运营的产业新城内，规划与建设社区居民和产业精英交流互动的城市公共活动场所，也是集商业配套、运动休闲、社区服务、邻里交往等功能于一体的一站式党群服务中心。

幸福荟分为社区幸福荟和产业幸福荟两大类，社区幸福荟作为社区居民日常活动和幸福荟社团活动的中心，免费对社区居民开放，满足社区居民对各类文体活动中心场地的需求；产业幸福荟坐落在产业园内，为园区企业员工提供丰富多彩的文体娱乐活动、行业讲座、职业体验与培训、日常互动与交流等服务平台。如今，各个幸福荟已经成为这里打造宜居社区和吸引人才、服务人才的关键载体。

（四）共建志愿大学，提升专业能力

在"幸福志愿者"推广过程中，华夏幸福积极搭建沟通交流平台，与地方党委、政府及其他公益组织建立沟通常态机制，争取政策支持、业务指导、信息互通。

2018年10月，华夏幸福固安区域党总支联合北京惠泽人公益服务中心和北京博能公益基金会，针对缺少公益专业技能和管理人才的现状，提出了联合国内外专家与专业机构，打造i志愿大学的设想。

2019年3月5日，i志愿大学正式成立，成为志愿者交流互动、技能提升、深度研究的平台，以此提升志愿者组织管理能力和专业技能，培养一批长期参与志愿服务、熟练掌握服务知识和岗位技能的志愿者骨干，为各产业新城推广"幸福志愿者"提供强有力的人才保障，助力产业新城形成人人讲奉献、人人乐志愿的特色文化。

通过共建i志愿大学，为志愿者提供社会实践的体验平台；为志愿者个人专业能力提升，进行理论指导、服务督导；拓展志愿者领袖"志愿理念与领导力"的社群与圈子。

三、履责成效

（一）志愿服务遍地开花，邻里守望成为现实

志愿服务具有无限的生命力，是华夏幸福产业新城品牌的重要组成部分。华夏幸福在公司内部积极推广，各业务区域将志愿服务作为一项重点工作，结合区域实际，制订实施方案，有条不紊推进实施。"幸福志愿者"开始在各产业新城遍地开花。志愿服务已在产业新城蔚然成风，志愿精神得到广泛传播，邻里守望成了现实。

（二）帮助新城居民再就业，助力产业兴城

产业是兴城之本，华夏幸福在为园区引入产业的同时，也高度关注产业社群的发展。华夏幸福意识到，对于新城居民来说，就业是幸福之本，于是，华夏幸福党委号召基层党组织通过志愿服务的方式，依托地方人社局、工会、团委、妇联、管委会等，搭建就业培训平台，链接新城居民和企业，实现资源整合和就业带动，对居民就业创业产生了明显的促进作用。截至目前，总计组织居民就业培训20余场次，培训超800人次，推动就业320人次，较好地促进了本地居民的就业创业工作。

（三）志愿服务迈向专业化，小杠杆撬动大志愿

华夏幸福持续推动志愿服务由大众化向专业化发展，华夏幸福党委牵头，与中国志愿服务联合会建立联系，取得专业指导和支持，通过建立志愿大学培养专业人才。目前，在产业新城培育孵化的数十个幸福荟社团中，专业志愿者有近百名。这些专业志愿者发挥专长推动志愿服务，为产业新城居民提供各类服务项目100余项，组织各类志愿活动200余次，服务人群超35000人次，在丰富居民业余文化生活的同时，更撬动起社会志愿力量。

（四）志愿精神广泛传播，引领形成社会文明风尚

华夏幸福不仅在企业内部的"微网刊"等宣传平台持续宣传志愿精神，也加大对外传播力度。"幸福志愿者"的事迹曾先后被新华网、人民网等各大媒体报道，引起较好社会反响。同时，各类特色志愿活动也成为良好的传播途径，促使志愿服务成为新风尚，不仅让城市变得温暖，更为社会点亮一盏灯，吸引更多人传递爱心与美好，引领更多城市形成向上向善、明德惟馨的社会文明风尚。

第十九章
广东电网：创新管理推进志愿服务品牌化建设

中国南方电网公司广东电网志愿服务队为深入贯彻落实党中央、国资委、南方电网关于新时代志愿服务工作的部署精神，在二十余载"蓝公益"志愿服务队的基础上，创新建立志愿服务"2431"工作模式，突出志愿服务项目"三化"特点，走出一条具有广东特色的实践道路，取得阶段性成效，得到了社会各界和利益相关方的普遍认可。

一、责任背景

党的十八大以来，在以习近平同志为核心的党中央的坚强领导下，对全国志愿服务工作做出新的部署要求。习近平总书记提出志愿服务工作要弘扬"奉献、友爱、互助、进步"的志愿精神成了新时代志愿服务的一个新的方向标。国务院国资委坚定"中央有号召、央企有落实"的政治站位，研究下发《关于加强中央企业品牌建设的指导意见》，指出一流品牌是企业竞争力和自主创新能力的标志，是高品质的象征，是企业知名度、美誉度的集中体现，更是高附加值的重要载体。南方电网公司以国资委的指导意见为指引，突出《南网企业文化理念》关于"人民电业为人民"的企业宗旨，着力打造实效性更强、参与度更高、影响面更广的公益项目，更好地展现"责任南网"的形象。广东电网公司根据上级精神指引，结合粤东西北实际情况，先行先试，探索出适合广东经济社会发展并具有广电企业特色的志愿服务管理体系。

二、责任行动

（一）以社会主义核心价值观为引领，志愿事业代代传承

广东电网公司志愿服务品牌——"蓝公益"，在广东清远连山建成的第一批"南方电网·幸福厨房"时形成，经过 22 年的深耕，"蓝公益"志愿服务品牌项目的深度、广度和强度不断深化，不仅成为公司志愿服务队的一个称号，更走出了一条具有中国特色、央企本色、南网底色的责任践行之路。

广东电网志愿服务队从自发而起到建章立制，从初具规模到方兴未艾，从最初的查查线路换换灯泡到后来的专场专业志愿活动。广东电网志愿服务队为孤寡老人解决生活困难，排查安全隐患、开展节日慰问 1300 余次；为 130 多所贫困村小学进行了校舍墙壁修复、线路修整、操场修葺，新建"梦想书角"300 余个，购置学生桌椅、电脑等学习用具，惠及学生近 10000 名。广东电网志愿服务队已经成长为一支拥有高素质骨干力量、活动身影遍布千家万户各个角

落的专业电力人志愿服务队伍，成为公司广大员工心目中的一支荣誉团队，南粤大地群众心目中的一支爱心团队。

（二）以机制建设为保障，志愿文化落地又开花

为提升志愿服务管理规范性，追求价值最大化，广东电网志愿服务队建立了规范、健全的组织、制度作为公益活动能有序、长效开展的基础保障。建立"2431"工作模式，即以"2个基础"为积淀，以"4个工作理念"为支撑，以"3化管理"为核心，凝心聚力实现"1个总体目标"。"蓝公益"志愿服务项目以"三化"管理模式为基础：一是"项目管理化"，即通过在志愿服务中引入项目评估、过程管控、目标质量等项目管理要素，实现志愿服务资源的有效配置，提升志愿服务的精益化水平；二是"工作品牌化"，通过集中公司志愿服务的资源和力量，擦亮"幸福厨房""光明学堂""温暖村屋"等特色活动名片，提升志愿服务的影响力；三是"服务常态化"，通过组织和人才队伍的保障体系，建立志愿服务的长效机制。志愿服务"三化"管理模式，全面提高了公司志愿服务的管理水平，逐步打造出一批响亮的志愿服务特色实践，有效提升了品牌的美誉度和认同度。

图19-1　广东电网志愿服务管理"2431"工作模式

此外，公司与属地政府及福利机构沟通协调，建立多个志愿服务基地，使得志愿服务工作有依托、活动有支点，且有足够的社会资源支撑，为志愿服务的长期开展提供组织保障。定期对志愿者进行素质提升培训，确保志愿者的先进性与专业性。定期评选优秀志愿者和先进团队，召开总结表彰会，深入发掘和宣传典型，用榜样的力量带动更多的人。

（三）以特色项目为实践抓手，志愿服务善小而效大

经过广东电网志愿服务队多年的深耕，已打造出涵盖多个子品牌的庞大公益体系，品类丰富、各具特色，得到了社会各界的高度赞誉。

"幸福厨房"：针对偏远山区贫困村儿童营养不良、吃饭难等问题，策划实施"南方电网·幸福厨房"项目，帮助小学生方便地喝上热水，吃上营养的健康午餐，目前已建成上百间。

"光明学堂"：针对贫困地区留守儿童缺乏关爱、学习受限等问题，通过电力知识科普讲座、心理健康辅导小课堂、捐建电教室和南网书屋等，将光明引入贫困村小朋友们的心里。

"温暖村屋"：针对独居老人缺乏陪伴、生活困难等问题，策划实施"温暖村屋"项目，通过与贫困村孤寡老人结对，定期到老人家中聊家常、干家务、帮助解决生活困难、排查用电安全隐患，用真诚与爱心传递社会的温暖。

图19-2　广东电网志愿服务代表性项目

"知心姐姐"心理咨询师志愿服务团队："知心姐姐"团队全部由持证的专业心理咨询师组成，长期赴广东省 12355 青少年综合服务平台和广州市妇女联合会服务平台进行志愿服务。截至目前，累计派心理咨询师 96 人次，服务时长 746 小时，累计进行心理咨询 626 例。"电暖回家路"：每年春运期间，近 20 万务工人员驾驶摩托车往返广东 - 广西境内，总人数约 60 万人次。项目服务重点为开展线路架设和现场运维工作，派人对供电设施进行检查，为服务点铺设临时电源，全力保障服务点现场电力安全可靠供应。在服务点现场，"红马甲"志愿者为过往摩托车大军提供暖炉、手机充电、电吹风、暖宝宝、热茶、姜粥及安全用电咨询等服务。

三、履责成效

中国南方电网公司广东电网志愿服务队成立于 1997 年 12 月 5 日，成立后的"蓝公益"队伍不断壮大，得到政府和社会各界的广泛认可，2017 年度荣获全国"四个 100 最佳志愿服务项目"和"中国企业品牌创新成果奖"；2018 年度荣获"电力企业管理创新"三等奖，蓝公益志愿服务队已然成长为南方区域最具影响力的公益志愿服务队伍之一。截至目前，志愿服务队直属各级志愿服务组织 300 余个，累计开展志愿服务约 1.9 万次，服务对象约 462.5 万人次，累计服务时长近 112.5 万小时。其中"蓝公益"共开展爱心活动 2800 次，出动志愿者 70000 多人次，服务总时长超过 30 万小时，受益儿童和老人近 20 万。

广东电网志愿服务队在企业内部凝聚了一股向善、向上的力量，同时也结出硕果累累。广东电网志愿服务队下共有 100 多个志愿服务团队、300 多名志愿者获省部级以上表彰。"蓝公益"志愿服务品牌受到了包括中组部、国资委、《中国青年报》、央广网和网易等各级政府、广大媒体及社会各界的广泛关注和充分肯定。广东电网志愿服务队用滴水穿石的执着、集腋成裘的暖流传递温情，为公司品牌形象、社会文明建设增添了无限生机和活力。

产业带动篇

第二十章
中国电子：用心打造产业生态　推动行业协同发展

中国电子信息产业集团有限公司（简称中国电子）坚持以建设网络强国、链接幸福世界为初心和使命，全方位统领和贯穿改革、发展、党建全过程，坚持以国家安全、行业发展、人民生活、国际合作所面临的"痛点"问题来牵引和推动自身各项工作发展，致力成为对行业发展有吸引力、有带动力的"平台性公司"，全面加强组织领导，大力推动转型升级、提质增效工作，业务协同统筹实施。着力加强产业协同，统筹开展智能制造、智慧城市等业务，创造行业价值。

一、责任背景

作为电子信息领域国有重要骨干企业，中国电子深刻认识到，有责任提前布局电子信息产业的关键环节，着力解决"缺芯""少屏""无脑""免疫力低"等制约产业发展的基础性难题，创新提出信息化解决方案，利用自身核心能力支持全行业健康发展，服务国家治理体系和治理能力现代化。

二、责任行动

中国电子坚定追求行业价值，推动行业协同发展打造产业生态，积极用好"组织起来"的法宝，发挥产业组织者和引领者的作用，着力打造包括核心层、紧密层、拓展层在内的电子信息产业大生态，切实把央企的实力和民企的活力结合起来，以央企的"顶天立地"支持民企的"铺天盖地"，形成"国进民升"的生动局面。

在推动行业协同发展过程中，中国电子把握市场竞争格局由"企业与企业之争"向"生态与生态之争"转变的大趋势，着力打造三个层次的产业生态。

核心层：由"PK体系"核心技术研发涉及的关键合作伙伴组成。中国电子紧密携手国防科技大学，发挥各自特点和优势，创新打造"PK体系"。

紧密层：由聚集在安全计算机软硬件联合攻关基地、国家级聚合式信息安全云服务平台、工业控制系统信息安全技术国家工程实验室等创新载体周边的400多家重要合作伙伴组成，其中多数是民营企业，包括多家国内外知名民营企业。

拓展层：由分布在中国电子35家创新创业园区的1万多家相关企业组成，其中包括300余家上市公司及若干家"独角兽"企业，年产值总计达4 000多亿元人民币。2018年5月，国内首个网络安全主题产业园区——中国电子海南信息安全基地建成开园，这是中国电子高效落实习近平总书记"4·20讲话"精神的重要举措。该基地致力于汇聚网络安全领域的优秀企业和人才，打造世界级的网络安全协同创新平台。

中国电子注重发挥产业生态优势，支持"大众创业、万众创新"。旗下国家级电子元器件电商平台"中电港"积极创办"萤火工场"，精准支持智能硬件领域的"双创"工作，已有30家机构进入萤火工场创客生态圈，与8家创新平台签署战略合作协议，为国际大学生iCAN创新创业大赛提供服务与支持。

（一）技术应用助力行业进步

作为大网信产业中的一个重要分支，平板显示行业是拉动国民经济发展的重要产业。中国电子旗下中电熊猫致力于研发面板行业核心技术，目前已掌握基于金属氧化物的LCD面板与LCM模组研发核心技术，成功实现了金属氧化物量产技术在8.5代线在全球的率先应用，先后设计开发了0.8毫米窄边框手机面板、全球第一片采用金属氧化物技术的55英寸4K液晶电视用面板、65英寸4K面板及曲面电视、98英寸8K 120HZ面板及电视。成功突破减光罩、OLED、In-Cell、COA等关键技术，推动了减光罩关键技术在液晶面板生产线的量产应用，形成以金属氧化物技术为特色的平板显示产业生态体系，进一步提高国内平板显示行业技术水平，提升了我国在全球平板显示行业的话语权。

图20-1　中电熊猫华东科技研发中心

（二）自主创新成就技术突破

2017年9月28日，世界最大全氧燃烧光伏玻璃窑炉——彩虹（合肥）光伏玻璃二期项目窑炉正式投产。全氧燃烧窑炉工艺及产业化形成多项自主知识产权，关键技术达到国际先进水平，其中窑炉结构设计、工艺控制技术处于国际领先水平，该成果的产业化标志着国内大型全氧燃烧光伏玻璃工艺技术取得新突破，对国内新能源产业的发展起到了重要的技术引领作用。项目达产后，年产3.2毫米厚镀膜钢化光伏玻璃2480万平方米，可配套3.5GW光伏组件，将成为年产值达12亿元人民币的全球最大全氧燃烧单体光伏玻璃生产基地。

图20-2 彩虹光伏玻璃生产线

（三）搭建平台打造创新高地

中国电子积极适应网络化时代加速向智能化时代演进的发展趋势，着手布局智能制造、人工智能等智能产业，与湖南省长沙市携手打造了长沙智能制造研究总院，建设并运营了湖南首个工业互联网平台——长沙工业云平台。长沙工业云平台以330家智能制造试点示范企业为切入点，针对长沙工业企业在研发设计、生产制造等全生命周期链条的共性需求，不断汇集主流核心云应用软件及其他行业资源，迭代优化平台功能需求，构建了以信息安全和自主研发为特色的云制造、云运维、云质管、云园区"四位一体"平台架构，初步形成了网络、平台、安全三大体系，推动企业在智能制造改造上的统筹规划、合理建设、精准管理等方面实现可持续发展。

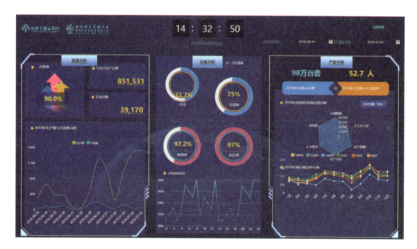

图20-3 长沙智能制造研究院业务图像

中国电子旗下上海浦东软件园孵化器累计孵化400余家企业，撬动社会融资超过50亿元，成功孵化出天天果园、洋码头、七牛、喜马拉雅等估值数亿美元的知名企业，已成为上海市重要的新一代信息技术产业创业集聚地。

三、履责成效

中国电子深刻认识和把握"变革"的新时代主旋律，坚持以市场化结构性改革为主线，全面深化包括质量变革、效率变革、动力变革在内的"体系性变革"，着重推动全面市场化转型和深度结构性调整，加快构建中国电子新发展体系，创造行业价值，取得了一系列的成就，获得利益相关方的支持和认可。

中国电子砥砺奋进，与众多国内外企业合作，携手服务政府，主动融入地方发展，积极参与城市建设，已在全国建成 35 个产业园区，构建起年产值达 4000 多亿元的园区生态，有力助推了地方经济转型升级。例如，助力长沙工业云平台打造了"基于互联网的智能制造'双创'服务平台"，孵化了苏科智能、衡开智能等一批智能制造领域成长型企业，荣获"工信部 2017 年制造业'双创'平台试点示范"的荣誉称号。

企业社会责任任重而道远。面向未来，中国电子将聚焦支撑新时代国家现代化建设的关键信息化能力，调整优化中国电子产业布局，加快推进集成电路、新型显示等重大项目建设运营，继续携手各利益相关方，加快培育战略支撑力和全球竞争力，扎实推进市场化结构性改革，深入构建新发展体系，加快推动中国电子迈向高质量发展新时代，为建设网络强国、链接幸福世界作出新的更大贡献。

第二十一章
西安兵器基地：探索和实践"军工＋地方"合作共建，国家一流科技产业园区发展模式

西安兵器基地深入落实国家创新驱动等战略，以兵器工业集团和陕西省、西安市科技优势资源为依托，深化合作共建，按照兵器集团战略部署系统推进西安兵器基地建设，融入西安系统推进全面创新改革试验，坚持企业主导、市场运作、先行先试，坚持"军工＋地方"合作共建科技产业园区新发展理念，形成西安兵器基地科技产业园区可复制、可推广的新机制和新模式。

一、责任背景

西安兵器基地位于陕西省西安市经济技术开发区，规划面积 16.3 平方公里，是兵器工业集团与陕西省、西安市人民政府合作共建、兵器主导建设的科技产业园区。2015 年 2 月，西安兵器基地获批国家新型工业化产业示范基地（军民结合）。

北方发展投资有限公司成立于 2008 年 11 月，由兵器工业集团和集团内成员企业出资设立。代表兵器工业集团负责西安兵器基地的招商、投资、建设、管理等工作，是西安兵器基地建设开发的主体。

西安兵器基地按照"统一规划、统一建设、统一管理"的建设原则，坚持兵器主导、军地融合、科技创新、共建共赢的发展方向，基本形成以军工研发生产为核心，装备制造、光电信息、新材料与新能源三大产业发展格局，工业生产服务、生活服务基础配套设施日趋完善，具备了加速发展的动力和潜力。

图21-1 2009年6月，集团领导与陕西省、西安市领导为西安兵器基地培土奠基

二、责任行动与成效

（一）推进科技园区体制机制创新，深化"军工集团与地方政府"合作共建

一是兵器工业集团分别与陕西省、西安市政府签订了合作共建西安兵器基地的合作协议，形成了三方共同推进基地建设的共建模式。兵器工业集团鼓励西安城区生产企业退城进园，有力地支持了西安城市规划和工业布局调整。

二是形成了以西安市政府、兵器工业集团批准的基地总体规划为统领，建设规划和产业规划为支撑的完整规划体系，为建设国家一流科技产业园区提供了系统全面的科学依据和保障。

三是积极融入陕西省、西安市规划发展体系和改革创新试验。2018年西安兵器基地多条经验入选，国家发改委联合科技部等部门和地区总结凝练编制的《全面创新改革试验百佳案例》。

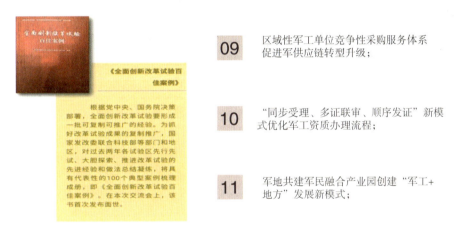

图21-2　兵器集团体制创新机制

（二）推进产业统筹发展，培育军民两用技术为支撑的主导产业

一是加快培育军民两用技术为支撑的主导产业。按照兵器集团战略要求，统筹布局了一批高科技、军民两用技术的产业化项目。形成了以兵器科技为主导的"三区五园"空间格局和装备制造、光电信息板块、新材料与新能源三大产业板块。截至2018年年底，西安兵器基地共落地产业化项目33个，项目总投资151亿元，基地聚集了约300亿元/年的综合产出能力。

二是加快军民科技协同创新服务中心项目建设，建成军民科技成果孵化转化平台、创业投资平台、军民深度融合开放窗口，形成集成服务能力，统筹区域内科研生产资源，促进科技成果转化、科技协同创新和军民两用技术产业发展，推动兵器工业集团产业结构调整和转型升级。西安兵器基地军民科技协同创新服务中心项目占地129亩，总投资4.95亿元。目前综合服务大楼、动力中心已经基本建成，并投入使用；创新工厂正在抓紧建设。

图21-3 光电信息产业板块项目代表：西安瑟福新能源公司锂离子动力电池项目

图21-4 新材料产业板块项目代表：西安的大安公司醋酸纤维丝束项目

图21-5 创新服务中心项目效果图

图21-6 创新服务中心项目综合大楼效果图

三是同步开展军民科技孵化器运营，加快推进科技成果转化孵化。为高科技军民两用技术企业提供孵化、成长的软硬件平台和空间。目前围绕装备制造、新材料新能源、光电信息三大产业方向引入入孵企业共计25家。

图21-7 兵器基地科技企业孵化器

（三）建设军民科技协同服务体系，形成军民科技协同创新服务能力

一是按照"市场化、专业化"原则，开展陕西省科技资源统筹军民科技协同中心运营。2016年12月陕西省科技厅批复基地设立陕西省科技资源统筹军民科技协同中心。主要围绕军工大型仪器设备、兵器系统科技成果、专利技术、创新公共平台、科技人才等科技资源开展业务运营。截至2018年年底，已征集兵器在陕企事业单位499余台/套大型仪器设

备、23 个重点实验室纳入共享系统。同时积极作为陕西省创新券接受机构，提升服务手段和能力。2018 年 10 月，兵器集团批复在西安兵器基地设立兵器集团科技资源统筹军民科技协同中心，发挥兵器工业集团军工大型仪器设备、科技成果、专利技术、创新创业服务等科技资源优势，搭建科技资源统筹军民科技协同综合服务平台，对接国家、地方政府、社会资源等。

二是积极拓展军民科技协同公共服务功能。2017 年取得国家工信部科技服务机构推荐名录和陕西省第五批省级技术转移示范机构名单批复。积极开展军民科技协同集成服务，已经有100 余项科技成果在平台进行推广。

三是设立"军工四证"受理窗口，军工资质受理工作有序推进，帮助"民参军"。2017 年，西安兵器基地按照西安市"军工四证"办理工作要求，积极筹备搭建受理点。寻找 2 家军工资质受理培训单位作为咨询机构，保证受理点的技术支持；明确办公地点、配备专兼职工作人员；积极与政府相关部门沟通协调，为企业提供上门服务。截至目前，受理点已累计接待企业100 余户，正在办理企业 50 余户，完成 30 余户企业军工保密资质办理。

四是启动建设军民科技协同信息共享平台，并上线运行。围绕军民结合信息合理共享、资源有效利用、技术高效转移的需要，西安兵器基地军民科技协同信息平台上线正式运行，实现了与陕西省科技资源信息系统的共享对接。累计征集大型仪器设备 499 余台套，收集和发布科技资源信息 100 多条，申请省统筹中心创新券接受机构，已通过初审，将设备在统筹中心平台共享。

五是搭建投融资平台，推动成立科技产业基金。目前共发起设立了两支基金，一支是以兵器中兵投资公司、陕西金控、西安经开区以及两家商业银行发起设立陕西省军民融合产业投资基金，总规模 40.1 亿元，2017 年已经正式成立开始运营，储备了 40 余个优质项目，投资项目 1 个。另一支是 2016 年联合陕西省科技厅引入社会资本共同设立的陕西军融电子卫星产业基金，总规模 15 亿元，首期规模 4.2 亿元已到位，已完成投资尽调项目 5 个，投资项目 1 个。

（四）建设西安兵器基地生产生活配套服务体系，推动军工和地方深度合作共建

兵器工业集团按照资源整合和专业化协作的思路，统筹园区产业项目发展需求，统一建设计量理化、塑像成型、工模具、表面处理、环境测试、现代物流六大生产配套中心，促进军民资源统筹和共享，健全了生产配套体系，实现了园区军民要素资源的集约高效利用。承担现代物流中心服务功能的陕西中兵物资公司是西安市全面创新改革第二批试点单位，区域内大宗物资采购先行先试工作经验已经国家发改委发布。

兵器工业集团累计建成道路 17 公里，建成综合保障园首期住宅一期工程 9 栋住宅楼，区域服务中心项目已开工建设。西安兵器基地水、电、气、暖、交通、教育、医疗、居住等基础配套设施、生活服务功能日趋完善，保障了产业发展和职工生产生活需要。

图21-9　计量理化中心

图21-10　现代物流中心

三、未来规划

党的十九大提出制造强国、科技强国、质量强国、网络强国、数字中国、智慧社会、强军战略等强国目标，实施"一带一路"建设。陕西省提出大力发展枢纽经济、门户经济、流动经济，主动融入"一带一路"大格局，加快建设内陆改革开放新高地。兵器工业集团提出了"培育世界一流防务集团、支撑世界一流军队建设"的发展愿景，建设主业突出、技术领先、管理先进、绩效优秀，具有全球竞争力的世界一流企业。基地科研生产能力的区位优势、政策优势进一步凸显，基地转型升级面临着前所未有的战略机遇期和黄金发展期。

图21-11　综合保障园首期住宅

图21-12　西安兵器小学

面对新时代，兵器基地将紧紧抓住加快经济结构优化升级、提升科技创新能力、深化改革开放、绿色发展和全球治理体系变革带来的发展机遇和红利，主动融入中国特色先进兵器工业体系和陕西省、西安市地方经济社会发展和创新改革示范，牢记强军首责，准确把握"建设高科技、现代化集成展示新兵器形象的基地"总体要求，深化兵器工业集团和地方政府的合作共建，强化军工核心能力建设，推动高科技产业提质增效，统筹区域科研生产资源，全面深化改革开放，助推科技创新，加快形成军民科技协同集成服务能力，搭建集团公司科技成果转化和产业化平台，全力实施"双一流"建设，将基地建设成为国家一流科技产业示范园区，打造兵器新科技承接地、兵器工业科技产业聚集地、区域创新发展驱动地、智能兵器制造地、人民兵工精神弘扬地、新兵器形象展示地；将北投公司建设成为一流科技产业园区运营集团，形成先进、成熟的发展模式，储备发展空间，提供科技创新平台，整合优质资源，科技创新业务实现上市。

新时代赋予新使命，新征程呼唤新担当！兵器基地和北投公司全体干部职工"不忘初心，牢记使命"，积极履行强军首责，开创西安兵器基地建设和北方发展投资公司经营新局面。

第二十二章
三元食品：全产业链管理保障乳品安全

　　三元食品始终以品质为基石，贯彻"质量控制前移"的源头保障准则，在行业内率先实现奶源、研发、生产、检测、销售、物流配送、售后服务为一体的产业链管理模式，逐步完善乳品产业卓越管理体系，保障食品安全健康。三元食品始终承担保障首都重大政治、经济活动的乳品供应重任，树立了业内良好口碑。

一、责任背景

　　三元食品拥有全资及控股子公司 16 家，拥有北京麦当劳 50% 股份和广东麦当劳 25% 股份，涵盖低温鲜奶、低温酸奶、常温高端奶、常温酸奶、常温乳饮料、奶粉、干酪及冰激淋、植物涂抹酱等系列产品。依托首农食品集团奶业全产业链优势，三元食品建立了完善的全程质量可追溯体系，是中国北方知名的鲜奶品牌和全国有影响力的奶酪生产商，三元奶粉数度蝉联中国婴幼儿奶粉口碑冠军。

二、责任行动

（一）牧场质量管理

　　立足"好牛出好奶"的理念，三元食品自控牧场实行统一饲养、统一防疫、统一配种、统一管理、统一挤奶五个统一的现代化管理模式。选择优秀的奶牛遗传种质，配备科学的奶牛繁育体系，通过科学规范的管理和运营保证生产出安全高质量的牛奶；改善奶牛饲养条件与环境，建立科学的奶牛保健控制体系，实施奶牛场粪污无害化处理，提高奶牛生活环境的舒适度，减少奶牛疾病的发生，稳定奶牛的产量和质量；严格执行国家关于农药、兽药及饲料添加剂管理的有关法律法规，杜绝禁用及限制使用农药进入饲养链，从源头把关保证每一滴牛奶的健康、安全。

图22-1　三元食品自控牧场"五个统一"现代化管理模式

（二）生鲜乳验收

为保障生鲜乳质量，三元实施生鲜乳安全留样、生鲜乳质量安全员和"双方试饮"制度，提升生鲜乳质量检验控制能力；对生鲜乳实行全项检测，部分关键指标制定了严于国标的内控标准，对国标外的风险指标进行监测；利用具有自主知识产权的生鲜乳乳成分指纹图谱，保证生鲜乳验收的权威性与可靠性。

（三）生产过程把控

三元食品建立和完善了全链条、多层级的生产监管制度体系，保证从生鲜乳的验收、贮存、杀菌、灌装到成品出库，乳品加工的每道工序都会取样检测。率先设计开发了原料奶生产全自动监测与采样系统、移动奶车数据采集监控系统以及乳品加工过程质量信息监控系统，实现了原料奶挤奶过程、奶车运输过程以及乳品加工过程的全程在线实时监控，保证了乳品生产过程中关键环节的质量安全。

公司已率先通过了 ISO 9001、HACCP、ISO 14001、GB/T 28001、诚信管理体系认证以及良好生产规范（GMP）认证，部分产品通过了有机食品、绿色食品等认证，持续提升了乳制品的质量安全水平。2018 年，三元产品检测合格率为 100%，产品市场监督抽查合格率为 100%，公司抽检合格率为 100%。2018 年 1 月 16 日，在国家食品药品监督管理总局的食监司领导见证下，北京三元食品服务有限公司等四家公司取得第一批食品生产许可电子证书。

（四）科技创新

创新管理。三元积极推动行业创新，建立创新激励机制，调动科研人员的积极性和创造性，激发技术创新潜能。加大科研资金投入，注重科技创新成果转化落地，为公司可持续发展奠定基础。2018 年，公司研发费用达 2873.2 万元，公司现有博士后 5 人，博士 3 人，硕士 28 人，高级工程师 17 人，中级工程师 13 人。

指标	单位	2016 年	2017 年	2018 年
科技工作人员数量	人	50	55	55
新增授权发明专利数	个	1	2	1

创新平台。三元食品坚持用科技创新打造民族乳业品牌，搭建创新平台，依托国家乳品科技创新联盟和国家母婴乳品健康工程技术研究中心，建立了中国迄今为止最完善的"中国人母乳成分数据库"，研发出国内首款大数据婴幼儿配方奶粉，创新升级促进中国宝宝体质、肠道健康与智力发育更接近的配方奶粉；与 Spain Biosearch Life S.A 公司、百施（上海）生物科技有限公司成立"母乳益生菌研究联合实验室"，致力于产品创新与升级。

合作与交流。三元食品积极参与行业合作与交流，满足企业长远发展。在内部，组织召开全产业链创新论坛、创新大会，为产品创新提供灵感和方向；在外部，参与首届进博会、2018

中国（淮安）国际食品博览会、D20峰会等行业重要会议及论坛，与行业专家、乳品企业共同探究行业发展与趋势，促进产学研融合，为实现乳业繁荣发展做出应有的贡献。

　　三元食品作为一家拥有近70年历史的乳企，顺应市场需求，致力于用科技创新推动中国乳业发展，融入全球智慧创新协同发展，尤其是加拿大阿瓦隆乳业有限公司（Avalon）和法国圣休伯特公司（StHubert）国际优质品牌资源的进入，极大地补充和提升了高品质健康型食品的产业结构，树立了高端品牌形象。

图22-2　三元食品携旗下品牌亮相首届进博会2018中国（淮安）国际食品博览会

图22-3　法国圣休伯特公司（StHubert）中国国际进口博览会展位

（五）冷链运输

　　为保证产品品质，三元建立全程受控的冷链配送网络，实现冷链配送全程无缝链接，严格保证食品质量安全。秉承公开、公平、公正的原则，严格审核承运商资质和能力，明确要求其配备符合标准的冷库、冷藏车设备，建立物流承运商配送车辆档案，每日为3000多个销售中心和网点及时配送质量安全的牛奶；调整、优化冷链配送网络，开通航空冷链多式联运模式，节约物流成本，提升产品新鲜度；实现全部物流配送车辆安装GPS监控系统及车载温度仪，对运输各环节随时监控，保障全程透明化管理，严守产品质量关。

（六）品尝三道关

为保障产品质量与安全，三元首创"品尝三道关——人体试验"，通过对生鲜乳、加工奶和成品奶进行品尝和检测，由质控人员亲自品尝各环节的奶品，做好三元品质的"守门员"。

（七）食品可追溯

三元食品不断完善建设可追溯质量保证体系，制定《产品标识和可追溯性控制程序》，通过记录控制、产品标识和检验状态标识建立完整的可追溯性系统。严格信息记录管理，建立真实、全面、规范的质量记录，涵盖设计开发、采购验收、生产加工等全产业链，确保信息记录完整，使可追溯质量保证体系内电子记录与现场纸质记录相对应；定制与生产经营实际相匹配的质量追溯系统软件，满足追溯精度和深度的要求；建立单位数据中心，为信息采集点合理配置信息采集设备，推进追溯系统软件与生产和检测设备对接，实现数据自动获取，实现乳品信息全程可追溯。

三、履责成效

2018 年 5 月，在中国食品科学技术学会主办的"第十三届益生菌与健康国际研讨会"上，三元食品"珍芯芝士风味奶酪"斩获"2017—2018 年度益生菌行业创新产品一等奖"。

2018 年 5 月，三元食品荣膺 2018 中国品牌日"北京诚品论坛"诚品之星。

2018 年 6 月，在第九届中国奶业大会上，三元食品荣获 2018 年优秀乳品加工企业"杰出企业""最具影响力品牌企业"殊荣，三元食品董事长常毅被授予 2018 年优秀奶业工作者"功勋人物"，三元食品陈历俊博士获得"杰出科技人才"称号。

2018 年 11 月，三元食品课题"中国母婴营养组学研究与产业化"获中国食品科学技术学会科技创新技术进步一等奖。

2018 年 12 月，三元食品在由商务部指导，中国商业联合会、中国商业经济学会、中国商报社联合举办的中国商业改革开放 40 周年纪念大会暨第六届中国商业创新大会上荣获"中国商业改革开放 40 周年卓越企业"称号。

2018 年 12 月，在《证券日报》主办的"新消费模式下的产业升级——中国乳业资本论坛"上，三元股份荣膺"2018 中国乳业卓越品牌奖"。

未来，三元食品将继续秉持产品质量为"立企之本，生存之道"的发展理念，坚守品质底线，立足全产业链，坚持高标准管理，加大创新研发投入，加强风险评估与预防，以匠人精神专注乳业，持续为消费者提供更安全、更健康的产品。

海外履责篇

第二十三章
中国石油：伊拉克艾哈代布项目促进当地经济持续发展

中国石油伊拉克艾哈代布项目是伊拉克当地促进经济社会发展的典范项目，通过带动当地经济、保障当地油气供应、提供当地居民就业机会、环保设施建设等多维度，不断实现生产与社区共同发展的目标。

一、责任背景

艾哈代布项目是伊拉克战后启动的第一个油田建设项目，位于巴格达东南约 180 公里的瓦西特省首府库特市西部，油区面积 300 平方公里。

2008 年 11 月 10 日，绿洲公司与伊拉克北方石油公司在巴格达正式签署《艾哈代布油田项目开发服务合同》，重启艾哈代布项目。艾哈代布油田所在地区主要以农业生产为主，但由于灌溉排碱系统年久失修、土地盐碱化严重及缺乏必要的农技指导，导致农业产量偏低，农民人均收入非常有限。加上自从伊拉克政府和 ISIS 开战后，政府大笔财政支出用于战事，已经影响到了政府对粮食的保护性收购。从 2015 年起，政府大规模拖欠油区农民的粮食收购款，进一步恶化了当地百姓的生存状况。2009 年 3 月项目正式启动现场作业；2011 年 6 月油田提前半年投产年 300 万吨初期产能，开始投资回收；2011 年 11 月提前三年投产年 600 万吨产能，兑现了合同义务；2012 年 5 月快速上产到年 700 万吨，并保持稳产；2014 年 11 月年 700 万吨扩建工程投产。

目前，艾哈代布油田具备 700 万吨 / 年的油处理、8 亿方 / 年的天然气处理、500 方 / 天的 LPG 和 20 吨 / 天的硫磺生产能力；截至 2016 年底，累计生产原油 3603 万吨、天然气 22 亿方、LPG53 万方。

油田所在地瓦西特省最主要的经济产业是农业；库特市是瓦西特省首府，距油田仅有 30 公里，人口约 30 万；Ahrar 县位于油区内，人口 6 万多。瓦西特省整体工业薄弱，商业不发达，由于缺乏资金和施工技术，其基础设施建设基本还停留在 20 世纪 80 年代的水平。近几年，当地通过引进外资及政府投资兴建了几个大型基础设施，但数量屈指可数。艾哈代布油田所在的当地道路，主体仍是萨达姆政权时期所建，油田援建的 Ahrar 环城路等项目成了少有的几条新公路。作为伊拉克第一大农业省，瓦西特省农田水利灌溉系统本该是基础设施建设的重中之重，但当地灌溉系统经过 30 多年的使用，淤塞严重，崩塌随处可见，当地政府无充足财力修缮，目前仅靠农民自行疏浚。

因此，作为全省第一个也是最大的一个油田，瓦西特全省上下，从政府部门到普通百姓，都期待油田能够成为解决就业，带动社区经济发展的重要力量。

二、责任行动

（一）提供可靠、清洁、经济适用的能源

2011 年 6 月，艾哈代布油田投产，这是伊拉克战争后投产的第一个新建产能项目。艾哈代布油田提前 3 年投产，并提高原油高峰平台产量至 700 万吨 / 年，与原合同预期同比，为伊拉克政府多贡献了 100 亿美元的收入。投产 5 年间，艾哈代布项目给当地带来了许多变化：改善了基础设施、提高了人均收入水平、极大地促进了当地就业，并维护了当地的稳定与安宁。

艾哈代布项目注重环境保护，坚持"遵守伊拉克法律法规、确保油田可持续发展"的原则，率先引入高标准废泥浆处理系统，建立了垃圾焚烧处理站并提前投产天然气处理装置。艾哈代布项目建设 LPG 和硫磺回收利用系统，努力实现绿色发展和循环发展。

2011 年 5 月，建设完成垃圾焚烧处理站，设计处理能力 800KG/d，实际处理能力 750 KG/d，工作温度 800~1100℃，主要处理油田产生的工业可燃垃圾以及医疗垃圾，其中工业可燃垃圾包括泥浆塑料包装、粘油纺织品、废旧劳保、塑料取样瓶、带油大布、泡沫制品、橡胶制品、废木头。建成并投运两条通往伊拉克新建的最大发电厂——祖拜迪电厂的管道，1 条是输油管道（2.5 万桶 / 天），1 条是输气管道（7500 万立方英尺 / 天），为祖拜迪电厂提供燃料，满足了瓦西特省电力供应，并承担了首都巴格达 60% 的电力供应。

（二）创造就业机会，注重员工发展，融入当地社区

项目启动以来，优先与当地企业合作，带动当地承包商建立国际标准施工作业体系，成为促进伊拉克石油工业发展不可或缺的力量。通过实施每个井场招聘两个看护人方案，为当地创造了大量的就业机会，让广大当地群众能直接从油田的开发建设中获益，大大减少了油区社会不稳定的根源（贫困和失业），同时，保障了油田生产作业的安全平稳运行，实现了互利双赢。

为了持续强化对当地员工的帮助，艾哈代布项目制订了收入增长计划和员工培训计划。收入增长计划方面，项目直接雇佣的伊拉克雇员的薪酬年均增长 8% ～ 10% 的增长，并形成了固定制度。该方案实施以来，深受伊拉克雇员的欢迎和拥护，显著增强了伊拉克雇员的团队凝聚力。员工培训计划方面，项目从现场培训和境外培训两方面着手，培养合格的伊拉克人才。现场培训方面，由于油田生产的需要，大部分员工难以脱产培训。为此，项目专门引入当地培训公司，积极借助当地大学的师资力量，联合组织公司内部的培训；境外培训方面，项目多次组织伊拉克雇员赴中国参加培训，增进中伊两国人民的进一步了解并提高他们的劳动技能和知识水平。

在社区发展方面，项目开展了为伊拉克高校大学生提供实习机会、资助油区 AHARA 镇开

展妇女儿童扫盲计划和向油田附近的社区提供医疗卫生服务等活动。

（三）战后能源基础设施重建

在巴格达地区，东巴格达油田几乎停产，加之周边没有在产油田，也缺少原油长输管道，导致当地炼厂和电厂长期原油短缺、开工不足。这进一步加剧了当地成品油和电力的短缺状态，成为巴格达地区的一大社会不稳定因素。2011 年 7 月 10 日，艾哈代布油田投产并启动外输后，又应伊拉克石油部请求，在合同范围之外，克服诸多困难，用不到 2 个月的时间增建了一座原油装车站，为巴格达炼厂和电厂提供原油支持。该原油装车站共有 8 个装车台，日装油能力 4 万桶。2011 年 10 月 1 日，原油装车站移交给伊拉克中部油田公司，正式投运后满足了巴格达炼厂和电厂当前正常生产需要，缓解了巴格达地区居民的成品油和电力需求压力，为巴格达炼厂的原料油供应和巴格达电厂生产提供了坚实保障。原油装车站投运以来，项目累计向巴格达地区供应原油 2095.35 万桶，为维护地区稳定做出了积极贡献，也为艾哈代布项目树立了良好的社会形象，受到伊拉克石油部的高度评价。

为改善和保障当地能源供应，艾哈代布项目积极响应当地政府的要求，除合同义务工作量内的 3 条外输管道外，又增建 1 条 200 公里的原油管线，保证油田原油外输出港，确保油田生产稳定。同时，管线建设时考虑了较大的余量，为未来伊方其他油田的开发做了预留。

三、履责成效

（一）促进工业及经济发展

2011 年 6 月，艾哈代布油田提前 3 年投产，并提高原油高峰平台产量至 700 万吨 / 年，与原合同预期同比，为伊拉克政府多贡献了 100 亿美元的收入。投产 5 年间，艾哈代布项目给当地带来了许多变化。基础设施建设得到了改善、人均收入水平得到了提高，极大地促进了当地就业，维护了当地的稳定与安宁。

（二）保障当地油气供应及绿色循环发展

我们为伊拉克政府每天提供 120 吨液化石油气，给当地带来可观的经济效益，惠及瓦西特省 30 多万户家庭，以及巴格达和卡尔巴拉等地区的居民；建成并投运两条通往伊拉克新建的最大发电厂——祖拜迪电厂的管道，1 条是输油管道（2.5 万桶 / 天），1 条是输气管道（7500 万立方英尺 / 天），为祖拜迪电厂提供燃料，满足了瓦西特省电力供应，并承担了首都巴格达 60% 的电力供应。

艾哈代布项目建设 LPG 和天然气回收利用装置，努力实现绿色发展和循环发展，为伊拉克政府每天提供 120 吨液化天然气，给当地带来可观的经济效益，惠及瓦西特省 30 多万户家庭，以及巴格达和卡尔巴拉等地区的居民。建设完成垃圾焚烧处理站，解决了钻式修井作业以及采油厂产生的垃圾隐患，得到了瓦西特省环保局高度赞扬和认可。

艾哈代布项目为当地提供了 5000 多个就业机会。当地政府在接受《中国石油报》记者采访时感谢我们这么多年招聘了大量的伊拉克雇员，缓解了当地最大的社会矛盾。

社区发展项目也得到了当地居民的认可和赞许。艾哈代布项目代表去拜访省长，或者各路记者去采访油田所在 AHRAR 县的县长时，他们都异口同声地称赞艾哈代布项目为促进当地就业和发展做出的贡献。

第二十四章
深圳特区建发：书写友谊，巴新援建获总书记点赞

　　2016 年，深圳与巴新首都莫尔斯比港，缔结为友好城市。2018 年，深圳援建的中国巴新友谊学校·布图卡学园成为第一个落地援建项目。2018 年 11 月 16 日，习近平总书记出席了布图卡学园的启用仪式，得到当地民众的热烈欢迎，布图卡学园成为见证中巴友谊的一座桥梁。特区建发集团受深圳市政府委托，实施援建工作。集团践行深圳国企的使命与担当，克服重重困难和挑战，高效率、高质量、高标准完成援建工作，为服务国家总体外交战略、落实构建人类命运共同体倡议做出贡献，成为深圳国企响应"一带一路"倡议的"精彩样本"。

一、责任背景

　　为积极响应国家"一带一路"倡议，落实中央和广东省有关工作部署，加强与南太平洋岛国特别是与巴布亚新几内亚的深度交流合作，2016 年深圳市与莫尔斯比港缔结为友好姐妹城市，两城签署《友好交流合作备忘录》和《2016—2017 年度交流合作计划》，在经济、教育、医疗、文化旅游、人员往来、城市发展和治理等方面制订了一揽子交流合作计划。按照中央、省委指示精神，深圳市在莫尔斯比港援建一所学校——中国巴新友谊学校·布图卡学园。

图24-1　中国巴新友谊学校·布图卡学园建筑效果图

二、责任行动

　　按照中央关于"一带一路"的部署，由广东省对接南太平洋岛国，广东省将对巴新的"点对点"工作交给深圳。深圳市坚决贯彻落实中央和广东省对南太平洋岛国工作的部署，出资1.34 亿元在巴新兴建学校，委托深圳市属国企特区建发集团作为甲方统筹工程建设。中国巴新

友谊学校·布图卡学园是广东省贯彻中央"一带一路"倡议的体现，是深圳作为莫尔斯比港友好城市打造政治互信、经济融合、文化包容的责任体现。

（一）三方协商沟通，为项目落地把关定向

布图卡学园援建项目意义重大，整个项目的推进涉及深圳市、中国驻巴新大使馆和巴新政府。在项目前期和实施过程中，特区建发作为项目联络人，协助深圳市有关部门，积极搭建与巴新APEC事务部、首都省政府及中国大使馆的协商沟通机制，就项目用地、产权归属、建设规模、配置标准、学校运营、免税政策、报批报建等关键事项进行多轮磋商并达成一致意见。

在深圳市和大使馆的指导下，特区建发代表市政府与巴新方签署援建项目实施协议，厘清了各方的权利与义务，为后续工作开展奠定了良好基础。

图24-2　学校原貌

图24-3　学校原课室

（二）企校配合落实，精准选址获得多方支持

按照深圳市要求，特区建发迅速着手学校用地调研，聘请了当地律师事务所进行土地尽职

调查，前后研究过 7 所学校，最终确定重建布图卡小学。布图卡学园产权清晰，土地归政府所有，运营权也归政府，巴新方承诺免费教育。该选址在巴新 APEC 事务部部长特卡琴科选区内，奥尼尔总理与帕克普省长也均认可这一选址。

学校选址确定后，特区建发与布图卡学园校董会进行了多轮磋商，将运营的问题在建设中解决，将建设中的问题在设计中解决，为项目的长期运营打下了坚实的基础。工程团队进驻后，通过当地采购物资，提供就业机会和当地居民联谊联欢等方式，得到了周边居民的理解和认可，营造了良好的外部氛围。

图24-4　建成后的中国巴新友谊学校·布图卡学园

（三）再创深圳速度，质量工期创造当地纪录

特区建发选拔精兵强将组建项目团队，并经过深入研究，采取设计—采购—施工总承包模式发包。通过公开招标，遴选出政治意识强、实力雄厚、信誉良好的央企中建钢构联合市属国企深圳市建筑设计研究总院作为承包商。从 2017 年 7 月完成师生分流和旧校舍拆除，到 2018 年 8 月底实现全面竣工，项目团队面对复杂的地质环境和降水频繁的雨季，克服经常性断水断电和恶劣的治安环境等困难，只用了 12 个月，在巴新上演了"深圳速度"。

项目团队以"创新、协调、绿色、开放、共享"的发展理念为指导思想，进行绿色装配式建筑设计，综合运用节能、节地、节水、节材、绿色环保五大建筑技术，并将结构抗震标准提高到 8 级。在保障进度的同时，严格控制施工质量，基于 BIM 全过程数据化管理，每一种材料实行样板引路，每道工序施工前先进行技术质量交底，施工时注重细节把控，监理一次验收合格率 100%。

（四）展现中国元素，以文化自信传播中华文明

创新中华文明的对外传播方式，以彰显文化自信，推动"一带一路"倡议的顺利实施。特区建发将中国传统建筑文化带到了巴新，并与当地建筑特色有机结合起来。布图卡学园设置中

轴线，左右呈对称布局，幼儿园、中小学均采用中国传统围合式院落，创造宽敞舒适的活动空间。另外，指示牌、庭院灯、宣传栏、垃圾桶等建筑小品也都赋予中国元素。

在人文文化方面，学校里处处尽显中国文化：园林中"THE BELT AND ROAD"（一带一路）的灌木造型，体育看台上"SHEN ZHEN"字样的色彩拼图，课桌上"创意深圳，时尚之都"的中英文标识，宣传栏里孔子等人的警世恒言等。这些中华文明的传播，以文化自信推动两国民心相通，培养两国友谊的薪火传人。

（五）搭建经贸平台，推动国内企业产品"走出去"

布图卡学园不仅是一个援建项目，更是中国产品的展示平台。除当地有强制性要求之外，特区建发均广泛采用中国产品，如建筑材料、机电设备、教学用具等，充分展示中国产品的优势，提升中国产品的形象和知名度。

按照市委市政府要求，特区建发在做好援建的同时，还积极搭建深圳驻巴新的经济合作平台。开展市场调研，获取项目资源，探索合作模式，引导中国企业和中国产品"走出去"，为驻巴新中国企业提供集中式、一站式服务。

（六）海外党建引领，深入践行"一带一路"倡议

项目在哪里，公司就开到哪里，党建就做到哪里。特区建发高度重视党建工作，巴新公司成立的同时，就成立了党支部，以党建引领各项工作。在工棚内，党支部组织员工观看十九大直播，聆听习近平总书记讲话。在住宿紧张的宿舍内，党支部把客厅布置成党员之家，定期组织党员学习。

图24-5　巴布亚新几内亚海外党支部召开党支部会议

围绕海外党建与生产经营、当地文化、履行社会责任等相结合的原则，充分发挥党组织的战斗堡垒作用和党员先锋模范作用，将党组织政治优势转化为企业的竞争力，深入践行"一带一路"倡议，真正做到身在国外，心系祖国，投身援建事业，时刻铭记中国梦。

三、履责成效

（一）积极履行社会责任和改善当地民生是项目的目标

新学校是一所国际化、现代化、信息化的生态校园，称得上巴新的标杆学校。习近平总书记指出，"教育兴则国家兴，教育强则国家强"，中国巴新友谊学校给巴新树立了学校建设的榜样，同时也向巴新展示了中国对教育的重视，传递"始终把教育摆在优先发展的战略位置"的重要理念，把国内良好的教育品质和先进的教学理念带给巴新，推动当地教育事业跨越式发展。布图卡学园代表了国家与国家之间教育援助事业的重大进步，在一定程度上带动教育资源强国向教育资源贫乏国之间的输出，契合我国提倡的"构建人类命运共同体"理念。

图24-6　中国巴新友谊学校·布图卡学园学生

（二）采用绿色建筑和弘扬中国元素是项目成功的亮点

该项目采用先进绿色装配式建筑，项目获得巴新方各界赞誉。在援建项目上广泛应用中国产品，将布图卡学园打造成为中国产品的展示平台，全面提升中国产品的知名度。在建筑文化和人文文化上大量运用中国元素，大力弘扬中华文明，展示文化自信。

（三）市委市政府高度重视和支持是项目成功的关键

援建项目是涉及两国外交的大事情，单靠企业的力量不足以推动项目落地，广东省、深圳市的果断决策起到一锤定音的效果，为企业落实指明方向。省、市领导多次亲临学校项目，现场办公，解决了项目推进中的实际问题；市外办全过程指导，帮助企业排忧解难；市教育局从学校规划、建设标准、教学用具等方面，给予专业意见；市国资委在前期调研、资金注入、境外投资审批等方面给予大力支持，确保项目顺利推进。正是深圳政府各部门与中国大使馆、巴新相关部门的大力协调沟通，使得签证办理、项目免税、报批报建、项目建设等顺利实施。市委市政府的重视和支持解决了项目最关键、最棘手的问题，为项目推进扫清了障碍，成为项目成功的关键。

（四）深入细致调研、充分周密准备是项目成功的前提

特区建发在项目前期进行了深入调研，涉及巴新政治生态、法律法规、营商环境、土地制度、建设成本、行业发展、文化传统等方方面面，同时汲取了国内其他企业在巴新已建项目的经验教训。正是由于前期深入细致的调研和充分周密的准备才能形成高质量的实施方案提供市政府做出合理决策。事实证明，前期的调研准备让项目少走了弯路，规避了许多风险，为项目成功创造了良好的前提条件。

（五）各方协商沟通、合作无间是项目成功的基础

援建项目运作过程复杂，涉及两地政府诸多部门，很多事项需要经多方沟通磋商才能协调解决。而且涉及重大外事活动，必须由各方通力配合才能圆满完成。特区建发自始至终保持与深圳市、大使馆、巴新方的顺畅沟通，及时征求各方意见，提供讯息，汇集诉求，寻求最佳解决方案。正是如此，才能把控每一个环节，避免出现纰漏，为项目成功打下基础。在项目建设过程中，监管方特区建发与承建方中建钢构坚决贯彻落实省、市要求，始终以大局为重，勇于承担责任，将政治任务置于公司利益之上。双方精诚合作，共同完善设计、管控质量、把握进度、保障安全。在双方协作努力下，各环节有条不紊推进，最终取得项目圆满成功。

（六）一线员工的奋发有为是项目成功的保障

特区建发巴新项目团队由集团主要领导挂帅，分管领导一线指挥，按照"闻鸡起舞、夙夜在公、日夜兼程"的要求，全面开展"大学习、深调研、真落实"。一线团队以高度的责任感、使命感，不畏艰辛，砥砺前行，即使遭遇抢劫、受到人身伤害，即使身患重病、饱受病痛折磨，即使远隔重洋、家人思念，也都坚守在工作岗位上，以强大的执行力，克服种种困难，高质高效推进。建立项目动态每周一报制度，及时将工作进展情况上报市有关职能部门、大使馆和集团公司。巴新项目团队的这种脚踏实地、真抓实干，敢于担当、奋发有为，为项目成功提供了坚强的保障。

未来，特区建发集团将继续做好相关援建工作。同时，将发挥信息跟踪，商业项目收集的功能，搭建两地企业间沟通的桥梁，为帮助深圳企业走入巴新提供集中式、一站式的服务。

责任管理篇

第二十五章
中国石化：以责任管理引领企业可持续发展

中国石化是国内较早履行社会责任的企业之一，具有履责时间长、影响范围广、影响力强的特点。中国石化不仅向社会提供巨量石油化工产品，而且对社会相关资源的需求总量巨大，业务覆盖全国 96 个行业类别中的 66 个、41 个工业大类中的 30 个。每个行业背后都有一条供应链支撑，每一个供应链条连接着成百上千个实体，从而构成了中国石化的责任生态网。中国石化正处于这个责任生态网的中枢位置，35 年来直接或间接服务于人民的衣食住行，为保障国民经济发展、助力生态文明建设、增进民生福祉和社会和谐做出努力。对处于责任生态网中枢的中国石化而言，企业社会责任建设意义更加重大、影响更加深远。而中国石化作为一家集 B2B 和 B2C 商业模式于一体的全产业链特大型能源化工企业，持续多年有效履责，面对的主要利益相关方既有 B2B 模式下的企业大客户，又有 B2C 模式下的普通消费者。所以，中国石化的社会责任建设工作更具有示范性、借鉴性和实操性。

35 年来，中国石化始终以对党、对国家、对人民的赤诚之心，自觉肩负起壮大国有经济、振兴石化工业、保障能源安全、改善人民生活的历史使命，经历了不平凡的奋斗，创造了良好业绩。35 年来，公司资产总额扩大 100 多倍，营业收入增长 100 多倍，上缴税费增长 100 多倍，成为推进国家现代化、保障人民共同利益的重要力量。

中国石化以习近平新时代中国特色社会主义思想为指导，坚守"爱我中华、振兴石化""为美好生活加油"的初心使命，坚持经济责任、政治责任与社会责任相统一，聚焦公司履责议题于国家所思、社会所想，深入推进能源保障保供、绿色企业行动计划、全力以赴助力脱贫攻坚、积极参与"一带一路"建设等履责工作，有效促进了国民经济持续健康发展，为决胜全面建成小康社会做出了积极贡献。

一、责任背景

2009 年至 2012 年前后，中国石化曾面临一系列重大舆论危机，对企业责任品牌形象造成了严重挑战。那时，很多受众对中国石化出现了品牌形象陷阱。面对这样的品牌困境，与其让受众来决断企业是什么，不如迎难而上，主动改变企业形象，赢得社会尊重。

为了更好地服务社会、造福人类，促进国有资产保值增值，助力企业可持续发展，中国石化以打造责任品牌为管理手段，一方面以扎实严细的社会责任管理为抓手，加大力度推进公司全系统近 140 家单位的履责能力建设；另一方面以透明公开的社会责任沟通为方法，围绕能源保障、安全环保、合作共赢（供应链）、回馈社会（精准扶贫、公益慈善）、海外履责等社会和企业共同关注的履责核心议题，着力解决企业信息披露体系不完善、企业履责与社会认知之间信息不对称的主要问题，扭转被动局面。

二、责任行动

（一）社会责任管理有效提升

责任理念的塑造与完善。中国石化坚持"为美好生活加油"的企业使命，践行国家创新、协调、绿色、开放、共享五大发展理念，围绕公司价值引领、创新驱动、资源统筹、开放合作、绿色低碳五大发展战略，将社会责任融入企业管理与日常运营，与利益相关方共同开展能源化工、绿色行动、携手伙伴、回馈社会、境外履责、责任管理六个方面的履责实践，努力创造经济、社会和环境的综合价值，推动企业与利益相关方共同可持续发展，不断满足人民对美好生活的需要。

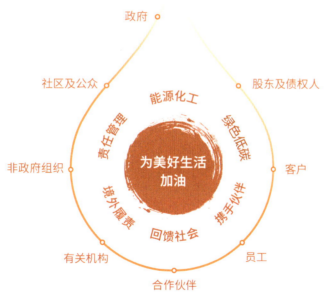

图25-1　中国石化"企业使命"

识别实质性议题。为提升社会责任管理工作的针对性与回应性，中国石化基于国家宏观政策导向、国内外社会责任标准分析、公司发展战略规划、国内外能源行业与油气行业社会责任议题关注点、社会舆论关注焦点、社会责任实质性议题分析问卷调查等多种渠道，梳理出中国石化20项社会责任关键议题，指导社会责任管理、沟通与实践，以回应股东、投资者、合作伙伴、员工、消费者、非政府组织、媒体等利益相关方对企业可持续发展和社会责任的相关期望。

推进社会责任管理系统化建设。健全权责关系明确、上下运转顺畅的管理体制，建立三级管理体系，为促进新时期中国石化社会责任建设提供体制保障。中国石化设立社会责任委员会，将社会责任融入企业管理当中。中国石化是首家在董事会设置社会责任委员会的中央企业，作为公司社会责任决策领导机构，主要负责统筹公司社会责任工作，制定相关政策及审阅相关文件。社会责任委员会下设社会责任办公室于宣传工作部，主要负责公司社会责任战略规划及具体事务等的统筹、协调与推进，社会责任报告编制与发布，以及责任沟通、传播与研究等事项。公司总部各部门按照职能分工，负责业务范围内的社会责任工作。各直属单位（企业）建立社会责任管理机构，积极推进社会责任实践，保证社会责任工作正常开展。

责任品牌管理基础的夯实。在社会责任建设的实践进程中，中国石化紧紧围绕"四个结合"和"两个转变"：与国家发展理念相结合，与公司发展战略相结合，与主营业务相结合，与利益相关方相结合；从分散化、被动化、单一化向系统化、项目化、品牌化转变，从参与者、跟随者、响应者向实践者、示范者、引领者转变。围绕"五位一体"总体布局、"四个全面"战略布局和公司五大发展战略，2017年编制下发《中国石化社会责任十三五规划》，从基础管理、责任融合、海外履责、公益慈善、透明运营、能力建设六大方面统筹指导"十三五"期间公司社会责任工作。

责任品牌研究的深入发力。与中国社科院合作修编的课题研究项目《石化行业指南3.0》已成为中国石油、中国海油、LG化学等石油化工企业编制社会责任报告参考的标准和开展社会责任培训的教材，助推行业社会责任发展；开展首届优秀企业社会责任实践评选活动，充分发掘和树立社会责任实践典范，并将优秀案例汇编成《为美好生活加油——中国石化优秀企业社会责任实践案例选编》，发挥公司全系统履责合力。

责任品牌视觉形象的规范管理。VI是企业履责增强品牌识别度、强化与社会沟通最直观，也是最有效的视觉化呈现方式之一。中国石化设计并发布企业统一公益标识，构建以品牌标识为核心的公益视觉规范体系，统一对外传播中的中国石化公益形象，应用于扶贫救灾、公益慈善、环境保护、服务社会、志愿服务、社区发展、海外公益等企业公益领域。

（二）社会责任实践

围绕满足人民日益增长的美好生活需要，努力奉献清洁能源和绿色产品。加快推进转方式调结构、提质增效升级，努力由单一的传统能源化工产业体系向多元低碳集成的能源化工产业体系转变，实现从油品供应商向综合服务商的转变，为我国经济社会发展提供清洁高效、安全可靠的能源保障，多方位服务于人民对衣食住行美好生活的需求。

积极践行绿色发展理念，提升绿色发展水平。牢固树立"绿水青山就是金山银山"理念，大力实施绿色低碳战略，全面启动实施国内规模最大的全产业链绿色企业创建行动——"绿色企业行动计划"，积极推进成品油质量升级，深入开展驻"2+26"区域企业大气污染防治、沿江企业污染治理，努力做环保治理的实践者、生态文明的推动者、美丽中国的建设者。

围绕决胜全面建成小康社会，全力以赴助力脱贫攻坚。围绕"两不愁、三保障"目标，全年承担8县750村的帮扶任务，直接投入扶贫资金达2.3亿元，奋战在脱贫攻坚一线的扶贫干部1994人，受益32万余人。中国石化以"渠道扶贫、持久脱贫"为手段，以全国2.7万家易捷便利店依托加油站连锁化、标准化的渠道优势，以及员工团购网等七大平台，积极探索独具特色的消费扶贫模式，帮助贫困地区农特产品打开销路，增强"造血"能力。今年，中国石化扶贫产品展销及消费扶贫启动仪式现场签下扶贫产品订单1.21亿元，全力帮扶定点扶贫和对口支援地区实现脱贫任务，助力贫困群众早日过上幸福生活。

坚持共建共享原则，与社会共享企业发展成果。坚持与利益相关方携手并进、合作共赢，共同创造和提升可持续发展价值。积极投身公益事业，践行志愿服务，通过"中国石化光明号"健康快车、"情暖驿站·满爱回家""爱心加油站·环卫驿站"等有影响力的公益品牌项目服务社会，传递温暖力量。

积极参与"一带一路"建设，做全球企业公民。顺应国家高水平对外开放大势，坚持优势互补、互利共赢、共同发展，坚持"走出去"和"引进来"相结合，在全球 75 个国家和地区、"一带一路"沿线 30 多个国家，形成了利长远、惠民众、可持续的合作模式，积极履行企业公民责任，树立了良好企业形象。

（三）社会责任沟通扎实推进

着力打造责任品牌精品项目，发挥示范引领作用，增强品牌社会认知度，弘扬正能量。聚焦精准扶贫、公益慈善等社会关注议题，整合打造一系列社会责任品牌活动，从母子品牌、产品、业务等不同角度和侧面，凝聚合力呈现中国石化责任品牌形象，多年来广获社会认可，成为中国石化响亮的名片。打造"中国石化光明号健康快车"公益品牌项目，形成公益项目管理与传播互相促进反哺的良性循环；打造"情暖驿站·满爱回家"品牌公益活动，扩大社会影响，将活动作为"媒体走转改"活动的重要平台，使得中国石化品牌形象搭上春运话题的传播顺风车，为公司改革发展营造了良好的舆论环境。推动"爱心加油站·环卫驿站"品牌公益活动影响力扩大，将公益事业与中国石化主业相结合，精心打造"爱心加油站·环卫驿站"志愿服务品牌，标志着中国石化志愿服务活动向规范化、常态化、品牌化的趋势发展。在国内 24 座城市的 30 家中国石化所属企业分别举办"公众开放日"活动，全年举办 491 场，共有 2.5 万名社会公众走进中国石化，增进了社会公众对中国石化的了解和理解，被国资委宣传局局长夏庆丰评价为"央企的标杆"。

完善责任管理系统化建设，创新责任报告沟通机制。中国石化以社会责任报告为重要载体加强责任沟通，结合国家大势、社会关注和内外部利益相关方需求，创新形成"1+N"报告体系及常态化发布机制，鼓励有条件的所属企业积极发布社会责任报告，加强沟通与交流，传播责任理念与实践，塑造企业责任形象。保障社会责任工作的有效推进，充分发挥公司在带动经济、社会和环境可持续发展中的不可替代作用。创新引领央企社会责任沟通方式，继 2016 年率先发布央企首部精准扶贫白皮书——《中国石化精准扶贫白皮书》，2017 年在西藏发布央企首部援藏白皮书——《中国石化在西藏》白皮书。积极回应社会关注，充分展示了中国石化产业援藏的特色和内涵，打造了中国石化、易捷、"易捷·卓玛泉"等母子品牌的责任品牌形象，为公司主营业务发展营造了良好的空间和氛围，带动利益相关方共同履责、服务社会。国务院国资委综合局副局长曹学云评价，"中国石化相继发布央企首部精准扶贫白皮书和援藏白皮书，创新和引领中央企业社会责任沟通方式，可称得上是央企典范"。2018 年 10 月，中国石化首次在乌鲁木齐发布《中国石化在新疆（1978—2018）责任报告》，全面讲述了中国石化自 1978 年走入新疆以来，四十年持续保障新疆能源供应，守护当地绿色生态，开展精准扶贫，促进区域发展的履责实践。

中国石化"1+N"报告体系

"1"	● 集团社会责任报告	● 连续发布12份年度社会责任报告	● 连续8年被中国企业社会责任报告评级委员会评为五星级（最高级别）
"N"	● 精准扶贫报告	● 连续发布2份中国石化精准扶贫白皮书	● 《中国石化精准扶贫白皮书（2002—2016）》 ● 《中国石化精准扶贫白皮书（2017—2018）》
	● 海外履责报告	● 连续发布2份海外履责报告	● 《中国石化在巴西》《中国石化在非洲》
	● 环境履责报告	● 发布2份环境履责报告	● 《中国石化环境保护白皮书（2012）》《中国石化页岩气开发环境、社会、法理报告》
	● 区域发展报告	● 连续发布11份中国石化区域发展报告	● 《中国石化在安徽》《中国石化在广西》《中国石化在湖北》《中国石化在湖南》《中国石化在山东》《中国石化在天津》《中国石化在新疆》《中国石化在浙江》等
	● 集团所属企业社会责任报告	● 所属企业连续多年发布社会责任报告、可持续发展报告	● 中国石化股份、中国石化油服等

图25-2　中国石化"1+N"报告体系

携手利益相关方，助推公司责任品牌影响力持续增强。由联合国全球契约中国网络等机构主办的"2017实现可持续发展目标中国企业峰会"上，中国石化优秀社会责任案例入选《实现可持续发展目标2017中国企业最佳实践》成果集，中国石化易派客荣获"实现可持续发展目标2017中国企业最佳实践"。加入"中国企业应对气候变化自主贡献联盟"，并与国家电网、IBM、英特尔、杜邦、飞利浦、NEC等21家国内外先锋企业和全球契约中国网络在内的两家机构共同发起"金蜜蜂全球2030社会责任倡议"，促进全球可持续发展进程；中国石化产业扶贫案例纳入《企业扶贫蓝皮书2017》并获评为"企业扶贫优秀案例"。中国石化的社会责任管理、实践和沟通传播工作获得国资委领导和课题组、调研团的赞许和肯定，中国石化社会责任工作被称为是"中央企业代言人"。

打造责任沟通窗口，推动相关方参与。中国石化深知企业可持续发展和稳健成长离不开利益相关方的信任和支持，我们深入研究相关方的合理需求和期望，将其转化为企业发展的行动目标和方案，并积极主动拓宽沟通方式，创新沟通渠道，及时有效地传播公司的社会责任理念和履责动态，打造负责任的品牌形象，提高企业责任竞争力。

推动海外社会责任传播，打造"中国好声音"。以"讲好中国故事，传播中国声音"为目标，紧密围绕国家重大事件和国际热点焦点，从公司重大活动、改革发展、科技、民生等几个方面加强企业社会责任的国际传播力度。积极响应习近平总书记号召和国家"一带一路"倡议，借势传播中国石化在"一带一路"建设方面取得成果，助力中国企业在"一带一路"沿线国家乃至全世界的品牌影响力，新华社、中国日报海外版、CNBC 等国内外重要媒体报道阅读量超 100 万人次。通过运营创新海外新媒体账号，打造企业海外责任沟通的窗口。中国石化是国内率先开通脸谱和推特海外社交媒体账号的央企，截至 2017 年年底，中国石化官方facebook 账号粉丝达到 60 余万人，有效增强了与海外利益相关方的沟通。

社会责任沟通

发布社会责任报告/专项报告

发布《中国石化2017社会责任报告》
发布《中国石化精准扶贫白皮书（2017—2018）》
发布《中国石化在新疆（1978—2018）》责任报告

新媒体平台

石化新闻APP
中国石化官方微博"石化实说"：http://weibo.com/sinopec
中国石化官方微信：woshi_xiaoshitou
奋进石化官方微信：ghi_8e30ffacfdbb
石化黑板报官方微信：shhbb2014
中国石化官方抖音号：zgsh
Twitter：@SinopecNews
Facebook：@Sinopec
YouTube频道：Sinopec

报刊平台

《中国石化报》日报
《中国石化》月刊等

"互联网"+平台

中国石化新闻网：http://www.sinopecnews.com
中国石化网上博物馆：museum.sinopec.com

社会责任交流

组织"走进中国石化"系列活动

连续8年开展"公众开放日"活动
连续8年开展"社会监督员"活动
连续9年开展媒体沟通会活动

支持2018实现可持续发展目标中国企业峰会

支持由联合国全球契约中国网络等机构主办的"2018实现可持续发展目标中国企业峰会"。中国石化"爱心加油站·环卫驿站"入选《实现可持续发展目标2018中国企业最佳实践》成果集，并荣获"实现可持续发展目标2018中国企业最佳实践"奖

参加企业社会责任交流活动

参加中国社会责任百人论坛、中国企业社会责任报告国际研讨会等，加强同各界在社会责任方面的经验交流，提升责任能力

社会责任评价

《企业社会责任蓝皮书（2018）》显示，中国石化社会责任发展指数达五星级水平，位列石油石化行业第一；连续第8年荣获中国新闻社颁发的"2018年度责任企业"奖项；荣获人民网颁发的"改革先锋奖"；荣获新华网颁发的"精准扶贫奖"；连续14年荣获中华健康快车基金会颁发的"光明功勋特别奖"；连续8年获评"中国低碳榜样"；被中国社科院评为"责任十年，国企十佳"

图25-3　中国石化社会责任沟通交流体系

三、履责成效

（一）通过社会责任建设，为企业赢得了良好的社会信誉

在企业品牌发展提升的过程中，履行好社会责任是必答题。中国石化从责任管理、责任沟

通和责任实践着手，积极主动承担社会责任，在向社会提供优质合格的产品或服务的同时，积极主动参与保护环境，捐助社会公益事业等各项社会责任活动，有利于树立良好的品牌形象。根据《中国企业社会责任蓝皮书》权威发布，中国石化社会责任发展指数达五星级水平，处于卓越者阶段，位列石油石化行业第一。反映社会舆论场的数据——中国石化负面舆情占比从2012年的42.6%下降到2017年的5.9%。短短几年内，中国石化通过责任能力建设，有效保护公司品牌形象、提升品牌价值，形成助推责任品牌发展的良好局面，以责任创造价值。

中国石化多年来的持续履责行动获得社会各界广泛认可和赞誉。荣获中国新闻社颁发的"2018年度责任企业"奖项，成为唯一一家连续八年获得该荣誉的中央企业；荣获人民网颁发的"改革先锋奖"；荣获新华网颁发的"精准扶贫奖"；连续14年荣获中华健康快车基金会颁发的"光明功勋特别奖"；连续8年获评"中国低碳榜样"；被中国社科院评为"责任十年，国企十佳"；中国石化扶贫案例被国务院扶贫办评为"2018年企业精准扶贫案例50佳"；在由《人民日报社》、中国扶贫基金会联合主办的"大国攻坚　决胜2020"精准扶贫论坛上，荣获"精准扶贫产业发展模式推荐案例"奖。

（二）社会责任建设有助于增强企业的竞争力

企业积极主动承担社会责任可以为企业赢得良好的社会声誉，在社会公众心目中建立起良好的口碑，而良好的社会声望、良好的口碑，反过来又会给企业带来更多的客户、投资者、贸易合作伙伴，从而进一步增强企业的竞争力。通过有效的利益相关方沟通策略和方式，中国石化与利益相关方、与社会增强了彼此的联结与信任，有利于提高企业责任品牌形象。近年来，"中国石化"品牌价值稳步增长。在Brand Finance发布的全球品牌价值500强榜单中，中国石化品牌价值236.4亿美元，排名48位。由国家市场监督总局、中国品牌建设促进会等联合举办的"2018中国品牌价值百强榜"评选，中国石化位列第5，品牌价值2462.88亿元，是国内品牌价值最高的能源化工行业品牌。

（三）社会责任建设有效促进了企业的可持续发展进程

以企业社会责任的履行为核心的品牌战略成了中国石化新的可持续发展要素，而致力于提升品牌价值和影响力及消费者满意度的高效途径作用于中国石化社会责任管理进程之中，形成企业社会责任和品牌建设的有机融合，并成为长期的、一贯的、持续的行为。中国石化通过在客户、员工、供应商、行业、政府及社会和环境等所有利益相关方中履责，实现与利益相关方的多方共赢和共同发展，推动责任创造价值。

第二十六章
中铝集团：基于管理模块和负面清单的社会责任管理

中国铝业集团有限公司（以下简称"中铝集团"或"集团"）社会责任管理以 ISO 26000 国际标准为指导，从 2014 年起，以构建"社会责任管理模块和负面清单"为核心，从五大履责领域入手，建立了理念体系、组织体系、制度体系、指标体系、考评体系为支撑的管理模块，同步推进负面清单管理，有效防范各类责任风险，创新实践"五步法"操作流程，将国际标准融入运营管理，形成了具有中铝特色的社会责任管理体系，在责任竞争力、市场竞争力、品牌影响力方面取得了显著成效。

一、责任背景

企业在获取经济收益的同时，必须同时承担起相应的环境责任和社会责任——这既是社会责任国际标准、联合国可持续发展目标的要求，也是党中央关于"创新、协调、绿色、开放、共享"新发展理念的要求，是当今时代发展的大趋势。与国内外大型企业相类似，中铝集团在推进社会责任工作起步阶段，存在对社会责任的内涵理解不深、管理边界不清等问题，集团坚持问题导向，明晰社会责任谁来做、怎么做、做到什么程度、底线在哪里，构建富有中铝特色的社会责任管理体系。

二、责任行动

中铝集团遵循社会责任国际标准 ISO 26000，重新审视社会责任的理念、体系和主要举措，结合中长期战略目标要求和社会责任工作的实际情况，围绕社会责任融入企业运营的管理目标，形成了管理模块和负面清单的社会责任管理体系，在重点板块和实体企业实践推广，取得了良好效果。

（一）明确模块化管理的工作思路

2012 年，国务院国资委提出将社会责任管理要素融入企业运营管理，建立管理模块的工作要求，为中铝集团将国际标准 ISO 26000 转化为具体履责实践提供了契机。集团从问题出发，以"融入管理、简单实用、防范风险、持续改进"为基本原则，明确了模块化构建长效机制，把社会责任管理作为一项常态化工作，使履行社会责任成为制度性、规范性的企业行为，不断提高社会责任管理水平的总体目标。

（二）强化顶层设计和组织保障

中铝集团始终把社会责任管理纳入重要议事日程。在 2012 年制定的三年专项规划中，把"和谐发展战略"列为集团的五大发展战略之一。2015 年底，制定了社会责任"十三五"发展专项规划，明确了 2018 年全级次企业社会责任管理模块和负面清单覆盖率超过 50%，2020 年达到 100%。坚持把社会责任管理作为"一把手工程"，在集团层面设社会责任工作委员会，由党组书记、董事长担任委员会主任，委员会下设办公室，作为社会责任工作的归口管理部门，负责日常管理职能。各业务板块和试点企业设立了社会责任工作领导小组，建立起 1200 多人的社会责任专兼职队伍。

（三）构建社会责任管理模块

中铝集团从学习社会责任管理先进经验起步，深入研究现行管理流程和体系的运行规律，与集团领导班子及重点部门开展座谈研讨，形成了模块框架。聚集各方智慧，广泛征求各部门、板块和实体企业的意见建议，调研评估社会责任管理模块相关内容，根据内外部利益相关方的意见建议，修改完善社会责任管理模块。

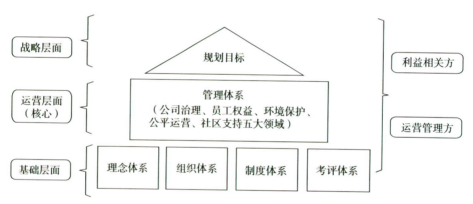

图26-1　中铝集团社会责任管理模块框架

管理模块由规划目标、管理体系、利益相关方、管理关联方、理念体系、组织体系、制度体系、考评体系八个部分构成。在战略层面，明确集团社会责任工作总目标和未来 3~5 年的阶段性目标。在运营层面，管理体系是整个管理模块的核心部分，基本涵盖了集团各单位、各部门作为运营管理方，在生产运营发展过程中涉及社会责任工作的具体内容。在基础层面，理念体系、组织体系、制度体系和考评体系作为保障社会责任管理工作的重要支撑。在操作层面，准确识别了内外部利益相关方，明确政府、股东、员工、供应商与客户、环境、社区、行业、社团等都是参与和沟通中铝集团社会责任管理的利益相关方。构建和完善了总部管理决策、板块公司分解落实、实体企业执行反馈的管理运转流程。

（四）制定社会责任负面清单

在确定管理模块的基础上，借鉴运用负面清单管理办法，深入研究社会责任国际标准

ISO 26000 七大核心议题下的 217 个细化指标，按照"划红线、找重点、可操作"的原则，筛选、整合出符合集团运营实际的底线指标，将通用指标内容转化为具有行业特色、便于执行考核的管理语言，研究制定了社会责任管理 80 项负面清单，逐条分解到社会责任管理模块五大领域的各责任主体，在考核体系中，实行"一票否决"。

（五）创新实施模块应用"五步法"

制定了标准化、可复制的"五步法"操作指南，指导企业加快构建和应用社会责任管理模块。第一步，结合业务特色，形成社会责任核心理念。第二步，围绕履责实践领域，建立社会责任指标体系。第三步，确定履责主体，梳理责任管理流程。第四步，完善制度体系，建立长效机制。第五步，实施模块化和负面清单管理。

通过"五步法"，使社会责任模块化管理真正实现了与运营管理的"三融合、三同时"。一是融入管理职责，做到同落实。根据企业功能定位和职责权限划分，明确履责范围和要求，理顺管理关系，整体融入企业运营管理体系。二是融入流程指标，做到同检查。把流程运转和指标完成情况，作为各专业部门和社会责任试点企业总结检查的内容。集团组成调研检查组，检查责任指标完成情况。三是融入绩效管理，做到同考评。各单位每年初对履责内容进行确认，年中进行进度跟踪，年底对照社会责任管理模块和负面清单进行自检评估，发布年度评估报告，纳入集团绩效考核。

（六）推广管理模块做到"三个紧扣"

坚持试点先行、典型引路。按照社会责任管理模块要求，选择符合条件的业务板块和企业开展履责实践试点，覆盖了铝、铜、稀有稀土、工程技术四大核心板块和 17 家重点实体企业及在建项目，做到了紧扣企业的关键问题、紧扣企业管理的薄弱环节、紧扣企业的可持续发展，确保社会责任管理落地见效。

社会责任管理模块建立运行五年来，中国铝业、中国铜业、中国稀有稀土、中铝国际四个主要板块已完成了板块层面管理模块和负面清单构建工作，投入运行。中铝资产、中铝资本等板块的构建工作已近尾声。截至 2018 年年底，集团全级次企业社会责任管理模块和负面清单覆盖率超过 50% 的目标已达成。

三、履责成效

（一）责任竞争力显著提高

构建和运行管理模块和负面清单，增强了中铝集团解决环境、社会和员工问题的能力，充分发挥了行业排头兵作用。

资源综合利用水平提高，在提高矿石利用效率、延长矿山服务年限、开发赤泥综合利用等技术方面达到世界领先水平。节能降耗成效显著，新型结构电解槽以及 400 千安、500 千安、

600 千安特大电流电解槽，投入产业化应用，吨铝交流电耗从 1.5 万千瓦时降到了目前的 1.3 万千瓦时，无论是电解槽技术还是吨铝电耗，都达到了世界领先水平。员工收入稳步提升，三年来在岗员工收入分别增长 10.6%、8.6%、15.6%，与员工共享了改革发展成果。社区关系不断优化，连续两年被中国企业公益事业发展组委会授予扶贫公益勋章。

（二）市场竞争力大幅提升

经济效益显著改善。中铝集团 2015 年大幅减亏，2016 年扭亏为盈，2017 年盈利 20.5 亿元，2018 年盈利 50 亿元，实现了经济效益的"三连增"，世界五百强排名由第 248 位上升到第 222 位。产品质量再上台阶，选矿回收率、铝加工材成品率、工程施工单位一次验收合格率等 9 类 14 项指标实现达标率 100%，成为空客公司所需合金铝材中国唯一供应商，获得通用汽车公司认证。

（三）品牌影响力不断增强

履责意识深入人心。干部员工对社会责任的理解，从原来的捐款捐物上升到五大领域的全面理解和贯彻落实，对社会责任工作的认识，从喊口号搞宣传，到目标明确、执行有力、管理规范。行业带动效应增强。在全行业带头研发和拓展铝、铜等有色金属应用，有力扩大了有色金属产品的消费领域，提升了优质产品供给。2017 年以来开展的联合降碳行动，在供应链合作伙伴中引起强烈反响，获得了国务院国资委综合局、国家生态环境部气候司领导的肯定。责任品牌传播广泛。连续七年获选联合国全球契约中国"实现可持续发展目标企业最佳实践"，《大型有色金属集团基于管理模块和负面清单的社会责任管理》获第二十五届全国企业管理现代化创新成果一等奖，集团 2018 年度社会责任发展指数排名中央企业第 8 位、中国企业第 10 位，从 2009 年的 29 分发展到 2018 年的 88.1 分，位列国企十年发展指数第 9，进入"责任十年　国企十佳"榜单，成为十年进步跨度最大的国有企业。

中铝集团将继续推进社会责任模块化管理工作，确保完成 2020 年社会责任管理模块在企业实现全覆盖的战略目标，不断提高社会责任实践与管理水平，实现社会责任管理与集团专业管理的有效衔接，助力集团更好发挥行业引领作用，建设具有全球竞争力的世界一流企业。

第二十七章
电建海投：加强社会责任管理　提升企业国际竞争力

在"走出去"以加强企业社会责任管理提升企业国际竞争力的背景下，中国电建集团海外投资有限公司（简称"电建海投公司"）坚持"三全管理"，推进"四个同步"，打造"责任海投"，树立责任品牌的具体举措，取得了积极成效。

一、责任背景

（一）"走出去"中国企业适应国际环境的需要

随着国际经济合作全球化的深入推进，广大中国企业积极"走出去"拓展海外业务取得了显著业绩，同时也面临政治、经济、法律、金融、文化、宗教等复杂环境的风险与挑战。近年来，随着国际社会企业履责标准不断推出，企业社会责任管理呈现标准化、法制化、社会化、价值化发展趋势。企业履行社会责任从软约束变为了硬约束。企业在获取经济效益的同时，必须承担起相应的环境责任和社会责任，这是社会责任工作的国际标准和联合国可持续发展目标（SDGS）的明确要求。

（二）"走出去"中国企业增强国际竞争力的需要

企业强化社会责任管理，能够促使企业注重产品、设计、管理和制度的创新，促进盈利方式和增长方式的转变，打造良好的商业信誉，从而获得各利益相关者的信任和支持。因此，企业加强社会责任管理，这符合企业自身的长远利益，符合国际社会发展要求。当前，随着"一带一路"合作深入推进，越来越多"走出去"中国企业选择以履行社会责任为钥匙，开启与项目所在国当地政府和社区的"沟通、信任、合作"之门，在激烈的海外市场竞争中不断提升自身国际竞争力。

二、责任行动

中国电建集团海外投资有限公司注册资本金 54.1 亿元，是专业从事海外投资业务的法人主体，具有良好的海外电力能源项目开发建设运营能力。目前，在 14 个国家和地区设有 36 个各层级公司、5 个参股公司和 1 个代表处。电建海投公司高度重视社会责任工作，坚持树立责任理念，建立责任组织，制定责任战略，推进责任融入，开展责任绩效，提升责任能力。坚持"三全管理"，做到"四个同步"，打造"责任海投"。把做好社会责任管理工作，作为提高企业核心竞争力，促进企业可持续发展的重要措施。

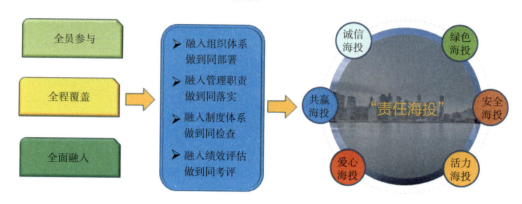

坚持三全管理，做到四个同步，打造责任海投

图27-1　中国电建社会责任管理体系

（一）坚持战略引领，实施"三全管理"

电建海投公司开展海外电力能源项目投资，始终贯彻"全球绿色清洁能源的优质开发者，项目属地经济社会的责任分担者，中外多元文化融合的积极推动者"责任战略，对社会责任工作实施"三全管理"，即"全员参与、全程覆盖、全面融合"管理。

一是全员参与。总部各级领导及职能部门积极倡导支持企业开展社会责任工作，利用到海外项目检查指导工作契机，加强海外履责宣贯指导。各海外项目结合本单位实际，组织开展社会责任培训教育，引导员工树立科学的社会责任观，增强履责意识，提高履责能力。

二是全程覆盖。在海外投资项目可研设计阶段，坚持项目设计方案、设计标准和设计等级充分考虑当地环境和经济的长远发展；在施工建设阶段，坚持安全施工、文明施工、关爱生命、爱护环境，维护绿水青山；在运营阶段，积极开展植树造林，追求人与自然和谐共处。聘用当地雇员，促进当地就业，实现共同发展。

三是全面融合。在社会责任管理中，注重顶层设计，强化过程管控，做好责任沟通。投资方发挥主导作用，保证资金投入，统筹协调参建方、运维方，从规划设计、施工建设、运营管理等各个环节加强社会责任管理。

（二）坚持深度融入，做到"四个同步"

一是融入组织体系，做到同部署。坚持做有良心的企业、做负责任的企业。在公司成立之初，成立了以公司主要领导为组长，总部部门负责人为成员的社会责任领导机构。社会责任管理实现从战略到执行、从流程到运行、从决策到施行的顶层设计与管理过程的有效衔接。

二是融入管理职责，做到同落实。坚持将责任管理融入各项管理职责。通过认真梳理部门工作职责、工作流程，对照部门职责职能明确社会责任指标，将社会责任层层落实到管理职责中，实现社会责任工作的同步落实、同步推进。

　　三是融入制度体系，做到同检查。随时关注国际社会有关企业履行社会责任的最新要求，不断完善企业社会责任管控制度，将社会责任管理指标细化、分解、融入企业劳动用工、环境保护、节能减排、安全生产三项业务、三标管理体系等各个方面，做到同步检查。

　　四是融入绩效评估，做到同考评。把社会责任管理纳入企业项目管理信息化系统（PRP 系统），及时做好海外项目履责过程管理。坚持把社会责任管理纳入战略，融入经营，列入考核。全面推行"平衡计分卡"考核，将社会责任纳入考核范围。

（三）深化责任管理，打造"责任海投"

　　电建海投公司将责任纳入战略管理，内嵌至管理职责，上升为管理理念，融入企业文化，做到内化于心、外化于行。从"要我履责"的被动式执行，上升为"我要履责"的主动式开展。

　　一是在诚信海投方面。严格遵守所在国法律法规、国际惯例和商业规则，坚持诚信经营、合规运营。坚持聘请世界顶级税所和律所开展财务、法律尽职调查，确保企业在海外合法合规经营。在项目建设过程中，严格按照行业标准和当地要求进行施工建设，建设精品工程。

　　二是在绿色海投方面。积极投身水电、风电、光伏等可再生资源投资开发。如在老挝南欧江流域水电项目开发中，创新思路，提出了"一库七级"开发方案，以最少的移民搬迁，最少的耕地和林地淹没损失，最小的环境影响，取得最大的综合效益，实现项目可持续发展。

　　三是在安全海投方面。高度重视海外项目安全管理工作，不断完善安全生产责任体系。开展滚动式安全检查，狠抓过程管控与整改落实，不断夯实企业安全发展基础。

　　四是在活力海投方面。坚持以人为本，持续推进劳动用工分配制度改革，创建和谐企业。建立覆盖所有海外员工的"一对一"帮扶制度。开展"星级员工"评选及优秀外籍员工表彰，确保企业所有员工共享企业发展成果。开展形式多样的群众性活动，丰富员工工作生活。

　　五是在爱心海投方面。深入开展履责实践，大量招聘项目当地员工，带动当地民众就业。帮助项目当地建学校、修寺庙，关爱民生。尤其在项目所在国遭遇重大自然灾害时，勇挑重担，冲锋在前，用实际行动履行社会责任。如在尼泊尔"4·25"大地震、老挝"阿苏破溃坝"事件发生后，积极捐款捐物，参与抢险救灾。

　　六是在共赢海投方面。坚持合作开放包容共赢理念，以海纳百川的胸襟，不断深化与各国政府机构、咨询公司、金融机构、分包商、股东、当地民众、社区及其他利益相关方的合作，坚持"共商、共建、共享"的发展理念，与项目所在国打造命运共同体和发展共同体。

三、履责成效

（一）强化社会责任管理，市场开发领域不断拓展

　　电建海投公司积极投资清洁水电、高效煤电、绿色风电、光伏等清洁能源，重视项目环评工作，凡环评不达标的实行"一票否决"。企业可持续发展理念，受到了各项目所在国政府和

民众的广泛欢迎。目前，有 8 个投产项目、3 个在建项目和 10 多个前期项目，在建及运营电力项目总装机超过 400 万千瓦，年发电量超过 100 亿度。

（二）强化社会责任管理，项目发展环境不断优化

电建海投公司重视海外项目履责工作，践行文明施工、绿色生产、建设精品、改善民生等属地化发展责任，以实际行动赢得了项目所在国政府和人民的好评。如巴基斯坦卡西姆电站节能减排、保护当地红树林，荣获"环境保护大奖"，树立了中国电建良好的品牌形象。

（三）强化社会责任管理，企业竞争优势不断增强

电建海投公司把企业责任融入社会，把社会责任纳入企业。坚持投资战略与项目所在国经济发展和民生福祉融为一体，企业市场开发能力、项目履约、运营管理能力不断提升。成立七年来，营业收入、利润总额、资产总额分别为成立之初的 26 倍、41 倍、6 倍。

未来，中国电建海投公司将进一步强化责任管理，继续坚持"三全管理"，不断深化"四个同步"，着力建设"责任海投"，树立责任品牌，讲好中国故事，营造良好发展环境，不断提升企业国际竞争力。

附录 中国社会责任百人论坛简介

"中国社会责任百人论坛"（以下简称"责任百人论坛"）（英文名称为：China Social Responsibility 100 Forum），是由致力于推动中国社会责任发展的专家学者、企业家、社会活动家等自发建立的公益性机制，是中国社会责任领域的高端平台。

责任百人论坛通过持续举办重点热点问题研讨会、重要成果发布会等，实现汇聚责任思想，共享责任成果，提升履责绩效的论坛宗旨，为政府推进社会责任发展建言献策，为企业履行社会责任指明方向，助力中国走出一条经济繁荣、社会进步、环境优美的可持续发展之路，携手共筑中国梦。

一、中国社会责任百人论坛发起人名单

彭华岗	国务院国资委秘书长
李　扬	中国社科院学部委员、国家金融与发展实验室理事长
欧晓理	国家发改委社会司司长
张晓刚	国际标准化组织（ISO）主席
刘兆彬	中国质量万里行促进会会长
曹宏瑛	中国外商投资企业协会常务副会长
宋志平	中国建材集团有限公司董事长
王小康	全国政协委员、原中国节能环保集团有限公司董事长
郑崇华	台达集团创办人暨荣誉董事长
刘　冰	中国黄金集团有限公司董事、总经理、党委副书记
史正江	中国南方电网有限责任公司党组副书记、副总经理
蓝　屹	华润集团秘书长、办公厅主任
陈晓龙	圣象集团董事长
王　彤	中国三星首席副总裁
张　凯	松下电器（中国）有限公司副总裁
潘家华	中国社会科学院城市发展与环境研究所所长、中国社会科学院学部委员
黄群慧	中国社会科学院经济研究所所长
刘纪鹏	中国政法大学商学院院长
李雪松	中国社科院工业经济研究所党委书记
邓国胜	清华大学公益慈善研究院副院长
张洪忠	北京师范大学新闻传播学院副院长、教授
周祖城	上海交通大学安泰经济与管理学院教授
倪鹏飞	中国社会科学院城市与竞争力研究中心主任

吕建中　　　博然思维集团创始人

钟宏武　　　中国社会科学院教授（论坛秘书长）

张　蒽　　　中国社会科学院教授（论坛执行秘书长）

二、理事会单位（37家）

理事会单位（32家）：中国石化、国投集团、招商局、华润集团、南方电网、东风汽车、中国一汽、中国华电、中国电建、中国旅游集团、中国黄金、华润电力、国家电投、华润燃气、华发集团、上海家化、中国民生银行、阿里巴巴、海航集团、华夏幸福、伊利、圣象、碧桂园集团、蒙牛、中国三星、现代汽车、SK集团、台达、松下电器、Apple、LG化学、东风悦达起亚

副理事会单位（5家）：中国兵器工业、中国移动、安利、华润健康、北大资源

三、责任百人论坛秘书处联系方式

秘　书　长：钟宏武　　13911200188　　zhonghw@cass-csr.org

副秘书长：崔修楠　　18519189684　　cuixn@zerenyun.com

后　记

　　《分享责任——企业社会责任基础教材（第二版）案例集（Ⅰ）》是集体劳动的成果。项目历时 5 个月，先后有 50 余人投入其中。我们于 2019 年 4—6 月面向大型企业征集了 150 个案例，经过专家评审，最终中国兵器工业、中国石油、中国石化、国家能源集团、中国电子、中国宝武、中铝集团、南方航空、中国旅游集团、中国节能、中国节能、中国能建、中国黄金集团、西安兵器基地、广东电网、电建海投、方正集团、北控集团、深圳能源集团、深圳农产品集团、深圳特发集团、太原钢铁、三元食品、华夏幸福、万和证券、中国三星、现代汽车集团（中国）、台达（中国）等企业的案例入选。在此，对评审专家的辛勤工作以及企业的分享表示由衷的感谢。

　　未来，我们还将持续评选优秀案例，为中国企业履行社会责任提供最丰富、最前沿的参考。

编委会

2019 年 6 月